천자문쓰기

천자문(千字文)쓰기를 펴내면서

천자문은 중국 양나라 때 주흥사(周興嗣)가 무제의 명을 받아 저술한 것이라고 전해진다.

사언고시(四言古詩)로 구성해서 모두 250구 1,000자로 되어 있는데, 천지현황(天地玄黃)으로 시작하여 언재호야(焉哉乎也)로 끝맺는다.

이 천자문은 주흥사가 단 하루만에 만들어서 편철까지 마치고 보니 그의 머리가 백발이 되었다고 하여 일명 백수문(白首文)이라고 후대에 전해오고 있다.

이 천자문의 구절구절은 곧 명시이며, 중국의 심오한 철학·진리·역사가 함축되어 있어 익힐수록 그 깊은 뜻에 숙연하지 않을 수 없다.

이것을 조선시대 선조 11년 당시 명필인 한 석봉으로 하여금 써서 펴낸 것이 오늘까지 내려온 한석봉 천자문이다.

당시 천자문은 학동들의 기초적인 교과서로 그 역할을 다 했다고 할 수 있으며, 교육에 큰 공헌을 했다고 할 수 있다.

본 천자문 쓰기는 해서체로 쉽게 학습할 수 있게 꾸몄고 오늘날에 맞게끔 그 주해를 의역하였다.

부디 본 천자문쓰기 교본으로 한자(漢字)를 익히는 분들에게 조금이나마 보탬이 되기를 바란다.

漢字의 結構法(글자 꾸밈)

▶ 한자의 꾸밈은 대체적으로 다음 여덟 가지로 나눈다.

扁 변	旁 방	冠관 沓답	垂수	構구	繞요	單獨 단독

扁	작은 扁을 위로 붙여 쓴다.	堤	端	唯	時	絹
	다음과 같은 변은 길게 쓰고, 오른쪽을 가지런히 하며, 몸(旁)에 비해 약간 작게 양보하여 쓴다.	係	防	陳	科	號
		般	婦	賦	精	諸
旁	몸(旁)은 변에 닿지 않도록 한다.	飮	服	視	務	教
冠	위를 길게 해야 될 머리.	苗	等	옆으로 넓게 해야 될 머리. 富		雲
沓	받침 구실을 하는 글자는 옆으로 넓혀 안정되도록 쓴다.	魚	忠	愛	益	醫
垂	윗몸을 왼편으로 삐치는 글자는 아랫부분을 조금 오른쪽으로 내어 쓴다.	原	府	庭	虎	屋
構	바깥과 안으로 된 글자는 바깥의 폼을 넉넉하게 하고, 안에 들어가는 부분의 공간을 알맞게 분할하여 주위에 닿지 않도록 쓴다.	圓	國	園	圖	團
		向	門	問	間	聞
繞	走 는 먼저 쓰고	起	之 又 는 나중에 쓰며, 대략 네모가 되도록 쓴다.			進

3

漢字를 쓰는 일반적인 순서

1. 위에서 아래로
위를 먼저 쓰고 아래는 나중에 : ― ニ 三   ― 丁 工

2. 왼쪽서 오른쪽으로
왼쪽을 먼저, 오른쪽을 나중에 : ノ 刂 川   ノ イ イ 代 代

3. 밖에서 안으로
둘러싼 밖을 먼저, 안을 나중에 : 丨 冂 月 日   丨 冂 冊 田

4. 안에서 밖으로
내려긋는 획을 먼저, 삐침을 나중에 : 亅 小 小   ― ニ 于 示

5. 왼쪽 삐침을 먼저
① 삐침이 있을 경우 : 亅 小 小   ― ┼ 土 亐 赤 赤
② 삐침 사이에 세로획이 없는 경우 : ノ 尸 尸 尺   ― 亠 六

6. 세로획을 나중에
위에서 아래로 내려긋는 획을 나중에 : 丶 冂 口 中   丶 冂 曰 日 甲

7. 가로 꿰뚫는 획은 나중에
가로획을 나중에 쓰는 경우 : く 夂 女   フ 了 子

8. 오른쪽 위의 점은 나중에
오른쪽 위의 점은 맨 나중에 찍음 : ― ナ 大 犬   ― ニ 干 王 式 式

9. 책받침은 맨 나중에 (起와 勉은 먼저 씀) : ― 厂 厂 斤 沂 近   ヽ 亼 兰 关 笑 送 送

10. 가로획을 먼저
가로획과 세로획이 교차하는 경우 : ― 十 古 古   ― 卝 卝 共 共

11. 세로획을 먼저
① 세로획을 먼저 쓰는 경우 : 丨 冂 帀 由 由   丨 冂 冊 冊 田
② 둘러싸여 있지 않은 경우는 가로획을 먼저쓴다 : ― ニ 干 王   丶 ― ニ 宇 主

12. 가로획과 왼쪽 삐침 (삐침이 짧고 가로획이 길면 삐침을 먼저, 삐침이 길고 가로 획이 짧으면 가로 획을 먼저 쓴다.)
① 가로획을 먼저 쓰는 경우 : ― ナ 左 左 左   ― ナ 才 右 在 在
② 위에서 아래로 삐침을 먼저 쓰는 경우 : ノ ナ 才 右 右   ノ ナ 才 有 有 有

▶ 여기에서의 漢字 筆順은 例外의 것들도 많지만 대개 一般的으로 널리 쓰여지는 것임.

4

天	뜻과 음	하늘	천					
	쓰는 순서	一 二 干 天						
地	뜻과 음	땅	지					
	쓰는 순서	一 土 圤 坩 地						
玄	뜻과 음	검을	현					
	쓰는 순서	丶 亠 亇 玄 玄						
黃	뜻과 음	누를	황					
	쓰는 순서	一 卝 芇 苛 黃						

天地玄黃 : 아득한 하늘은 검게 보이고, 땅은 누런 빛이다.

宇	뜻과 음	집	우					
	쓰는 순서	丶 宀 宀 宇 宇						
宙	뜻과 음	집	주					
	쓰는 순서	丶 宀 宁 审 宙						
洪	뜻과 음	넓을	홍					
	쓰는 순서	氵 氵 汁 泔 洪						
荒	뜻과 음	거칠	황					
	쓰는 순서	卝 艸 芒 芒 荒						

宇宙洪荒 : 하늘과 땅 사이는 넓고 끝이 없다.

日	뜻과 음	날	일					
	쓰는 순서	丨 冂 冃 日						
月	뜻과 음	달	월					
	쓰는 순서	丿 刀 月 月						
盈	뜻과 음	찰	영					
	쓰는 순서	丿 乃 及 盈 盈						
昃	뜻과 음	기울	측					
	쓰는 순서	丿 冂 日 仄 昃						

日月盈昃 : 해는 서쪽으로 기울고, 달은 찼다가 다시 이즈러진다.

5

辰	뜻과 음	별	진					
	쓰는 순서	厂 厂 厂 辰 辰						
宿	뜻과 음	잘	숙					
	쓰는 순서	宀 宀 宿 宿 宿						
列	뜻과 음	벌릴	렬					
	쓰는 순서	一 歹 列 列 列						
張	뜻과 음	베풀	장					
	쓰는 순서	弓 弓 严 严 張 張						

辰宿列張 : 별들은 넓은 하늘에 널려져 각각의 자리를 차지하고 있다.

寒	뜻과 음	찰	한					
	쓰는 순서	宀 宭 窜 寒 寒						
來	뜻과 음	올	래					
	쓰는 순서	厂 夾 夾 來 來						
暑	뜻과 음	더울	서					
	쓰는 순서	冂 曰 呈 昇 暑						
往	뜻과 음	갈	왕					
	쓰는 순서	彳 彳 彳 行 往						

寒來暑往 : 추워지면 더위가 가는 것처럼 계절의 바뀜을 말한다.

秋	뜻과 음	가을	추					
	쓰는 순서	二 千 禾 利 秋						
收	뜻과 음	거둘	수					
	쓰는 순서	丨 丬 収 収 收						
冬	뜻과 음	겨울	동					
	쓰는 순서	丿 夂 冬 冬 冬						
藏	뜻과 음	감출	장					
	쓰는 순서	艹 芦 芦 葴 藏						

秋收冬藏 : 가을에 곡식을 거두어 겨울에 대비해 저장한다.

閏	뜻과 음	윤달	윤					
	쓰는 순서	尸 門 門 閏 閏						
餘	뜻과 음	남을	여					
	쓰는 순서	ノ 乆 飠 飵 餘						
成	뜻과 음	이룰	성					
	쓰는 순서	厂 厉 成 成 成						
歲	뜻과 음	해	세					
	쓰는 순서	丨 屵 芦 芦 歲 歲						

閏餘成歲 : 일 년 이십사 절기의 나머지 시각을 모아 윤달로 해를 정함.

律	뜻과 음	법칙	률					
	쓰는 순서	ク 彳 彳 律 律						
呂	뜻과 음	풍류	려					
	쓰는 순서	口 口 吕 吕 呂						
調	뜻과 음	고를	조					
	쓰는 순서	言 訂 訂 調 調						
陽	뜻과 음	볕	양					
	쓰는 순서	阝 阝 阹 陽 陽						

律呂調陽 : 율과 여는 하늘과 땅 사이의 음양을 밝고 고르게 한다.

雲	뜻과 음	구름	운					
	쓰는 순서	宀 帀 雫 雪 雲						
騰	뜻과 음	오를	등					
	쓰는 순서	刖 胖 朕 騰 騰						
致	뜻과 음	이를	치					
	쓰는 순서	五 至 至 致 致						
雨	뜻과 음	비	우					
	쓰는 순서	厂 厅 雨 雨 雨						

雲騰致雨 : 수증기가 올라가서 구름이 되고 그 구름이 비가 된다.

露

뜻과 음	이슬	로
쓰는 순서	广 严 严 霞 露	

結

뜻과 음	맺을	결
쓰는 순서	幺 糸 糺 結 結	

爲

뜻과 음	할	위
쓰는 순서	爫 爫 爲 爲 爲	

霜

뜻과 음	서리	상
쓰는 순서	广 严 霏 霜 霜	

露結爲霜 : 맺힌 이슬이 찬 기운에 서리가 된다.

金

뜻과 음	쇠	금
쓰는 순서	入 仐 全 余 金	

生

뜻과 음	날	생
쓰는 순서	丿 ㅏ 牛 生 生	

麗

뜻과 음	빛날	려
쓰는 순서	亓 丽 丽 严 麗	

水

뜻과 음	물	수
쓰는 순서	亅 刂 水 水	

金生麗水 : 금은 여수(중국의 지명)에서 많이 났다.

玉

뜻과 음	구슬	옥
쓰는 순서	二 干 王 玉	

出

뜻과 음	날	출
쓰는 순서	丨 屮 出 出	

崑

뜻과 음	메	곤
쓰는 순서	屮 峃 峇 崑 崑	

岡

뜻과 음	언덕	강
쓰는 순서	丨 冂 冏 冈 岡	

玉出崑岡 : 옥은 곤강(곤강은 중국의 산 이름)에서 많이 났다.

劍	(뜻과 음) 칼 검					
	(쓰는 순서) ㅅ 侖 僉 劍 劍					
號	(뜻과 음) 이름 호					
	(쓰는 순서) ㅁ 号 号 号 號					
巨	(뜻과 음) 클 거					
	(쓰는 순서) ㅣ 厂 厅 巨 巨					
闕	(뜻과 음) 집 궐					
	(쓰는 순서) ㅏ 門 門 闕 闕					

劍號巨闕 : 칼 중에서 중국의 구야자가 만든 거궐보검이 으뜸이다.

珠	(뜻과 음) 구슬 주					
	(쓰는 순서) ㅣ 王 珒 珔 珠					
稱	(뜻과 음) 일컬을 칭					
	(쓰는 순서) ㄴ 禾 稻 稻 稱					
夜	(뜻과 음) 밤 야					
	(쓰는 순서) ㅗ 疒 夜 夜 夜					
光	(뜻과 음) 빛 광					
	(쓰는 순서) ㅣ ㅛ ㅛ 业 光					

珠稱夜光 : 야광주라는 구슬은 그 빛이 밤에도 낮처럼 밝다고 한다.

果	(뜻과 음) 과실 과					
	(쓰는 순서) ㅁ 旦 甲 果 果					
珍	(뜻과 음) 보배 진					
	(쓰는 순서) ㅣ 王 玜 玲 珍					
李	(뜻과 음) 오얏 리					
	(쓰는 순서) 一 十 木 李 李					
奈	(뜻과 음) 벗 내					
	(쓰는 순서) 一 十 木 李 奈					

果珍李奈 : 오얏과 벗이 과일 중 으뜸이다.

菜	뜻과 음	나물	채				
	쓰는 순서	艹 艹 苎 莖 菜					
重	뜻과 음	무거울	중				
	쓰는 순서	一 千 千 重 重					
芥	뜻과 음	겨자	개				
	쓰는 순서	一 艹 芥 芥 芥					
薑	뜻과 음	생강	강				
	쓰는 순서	艹 芦 莒 畺 薑					

菜重芥薑 : 나물에서 맛을 내는데는 겨자와 생강이 중요하다.

海	뜻과 음	바다	해				
	쓰는 순서	氵 汽 汇 海 海					
鹹	뜻과 음	짤	함				
	쓰는 순서	厂 酉 酉 酰 鹹					
河	뜻과 음	물	하				
	쓰는 순서	氵 河 汁 河 河					
淡	뜻과 음	맑을	담				
	쓰는 순서	氵 氵 沙 淡 淡					

海鹹河淡 : 바닷물은 짜나 강물은 맑고 담담하다.

鱗	뜻과 음	비늘	린				
	쓰는 순서	夕 鱼 魚 鮢 鱗					
潛	뜻과 음	잠길	잠				
	쓰는 순서	氵 浐 溉 潛 潛					
羽	뜻과 음	깃	우				
	쓰는 순서	丁 刃 羽 羽 羽					
翔	뜻과 음	날개	상				
	쓰는 순서	兰 羊 判 判 翔					

鱗潛羽翔 : 비늘 있는 물고기는 물에 잠겨 살고 새들은 날아다니며 산다.

龍	뜻과 음	용	룡					
	쓰는 순서	ᅶ 音 音 背 龍						
師	뜻과 음	스승	사					
	쓰는 순서	⎮ ⼧ ⾃ ⾃ 師						
火	뜻과 음	불	화					
	쓰는 순서	丶 ⼎ ⺋ 火						
帝	뜻과 음	임금	제					
	쓰는 순서	⼂ ⼌ 产 帝 帝						

龍師火帝 : 벼슬 이름을, 복희 씨는 용으로 신농 씨는 불로 붙였다.

鳥	뜻과 음	새	조					
	쓰는 순서	⼈ ⼾ ⾃ 鳥 鳥						
官	뜻과 음	벼슬	관					
	쓰는 순서	⼧ ⼧ 宁 官 官						
人	뜻과 음	사람	인					
	쓰는 순서	ノ 人						
皇	뜻과 음	임금	황					
	쓰는 순서	⼃ ⼙ 皂 皀 皇						

鳥官人皇 : 소호 씨는 벼슬을 새 이름으로 했고, 황제는 인황이라 했다.

始	뜻과 음	비로소	시					
	쓰는 순서	⼅ ⼂ 好 始 始						
制	뜻과 음	지을	제					
	쓰는 순서	⼆ 牛 肀 制 制						
文	뜻과 음	글월	문					
	쓰는 순서	丶 ⼆ ナ 文						
字	뜻과 음	글자	자					
	쓰는 순서	丶 ⼂ 宀 宁 字						

始制文字 : 복희 씨의 신하 창힐이 새 발자국을 보고 글자를 만들었다.

乃 | 뜻과 음: 이에　내 | 쓰는 순서: ノ ア 乃

服 | 뜻과 음: 옷　복 | 쓰는 순서: 刀 月 肝 服 服

衣 | 뜻과 음: 옷　의 | 쓰는 순서: 亠 ナ 衣 衣 衣

裳 | 뜻과 음: 치마　상 | 쓰는 순서: 业 严 岩 堂 裳

乃服衣裳 : 옷을 처음 만들자, 의관을 지어 등분하였다.

推 | 뜻과 음: 밀　추 | 쓰는 순서: 扌 扌 扩 推 推

位 | 뜻과 음: 자리　위 | 쓰는 순서: 亻 伫 伫 位 位

讓 | 뜻과 음: 사양할　양 | 쓰는 순서: 言 言 詳 讓 讓

國 | 뜻과 음: 나라　국 | 쓰는 순서: 冂 冋 冋 國 國

推位讓國 : 천자의 자리와 나라를 사양하고 덕 있는 자에게 양보하였다.

有 | 뜻과 음: 있을　유 | 쓰는 순서: ノ ナ 冇 冇 有 有

虞 | 뜻과 음: 나라　우 | 쓰는 순서: 亠 广 虍 虞 虞

陶 | 뜻과 음: 질그릇　도 | 쓰는 순서: 阝 阝 阣 陶 陶

唐 | 뜻과 음: 나라　당 | 쓰는 순서: 亠 广 庐 庚 唐

有虞陶唐 : 현인에게 나라를 넘기니 요는 순에게, 순은 우에게 넘겼다.

弔	뜻과 음	조상할	조						
	쓰는 순서	ㄱ ㄱ 弓 弔							
民	뜻과 음	백성	민						
	쓰는 순서	ㄱ ㄱ 尸 戶 民							
伐	뜻과 음	칠	벌						
	쓰는 순서	亻 亻 代 伐 伐							
罪	뜻과 음	허물	죄						
	쓰는 순서	罒 罒 罗 罪 罪							

弔民伐罪 : 불쌍한 백성은 위로하여 돕고, 죄지은 사람은 벌을 주었다.

周	뜻과 음	두루	주						
	쓰는 순서	刀 门 冈 周 周							
發	뜻과 음	필	발						
	쓰는 순서	ㄱ ㄗ 癶 發 發							
殷	뜻과 음	나라	은						
	쓰는 순서	丿 户 自 郎 殷							
湯	뜻과 음	끓을	탕						
	쓰는 순서	氵 沪 泹 湯 湯							

周發殷湯 : 주발은 무왕의 이름이고, 은탕은 왕을 칭한다.

坐	뜻과 음	앉을	좌						
	쓰는 순서	人 从 坐 坐 坐							
朝	뜻과 음	아침	조						
	쓰는 순서	朝 朝 朝 朝 朝							
問	뜻과 음	물을	문						
	쓰는 순서	冂 門 門 門 問							
道	뜻과 음	길	도						
	쓰는 순서	丷 首 首 首 道							

坐朝問道 : 천하통일을 하고 조정에서 나라를 잘 다스리는 길을 물었다.

垂	뜻과 음	드리울	수
	쓰는 순서	二 千 乒 垂 垂	
拱	뜻과 음	손맞잡을	공
	쓰는 순서	十 扌 打 拱 拱	
平	뜻과 음	평평할	평
	쓰는 순서	一 ㅅ 二 平	
章	뜻과 음	글	장
	쓰는 순서	二 立 音 音 章	

垂拱平章 : 몸을 공손하게 하여 백성들의 평안을 겸손하게 생각했다.

愛	뜻과 음	사랑	애
	쓰는 순서	爫 朒 惡 愛 愛	
育	뜻과 음	기를	육
	쓰는 순서	一 ㅗ 亠 育 育	
黎	뜻과 음	검을	려
	쓰는 순서	千 禾 利 黎 黎	
首	뜻과 음	머리	수
	쓰는 순서	丷 艹 首 首 首	

愛育黎首 : 백성을 임금이 양육하고 사랑함을 말한다.

臣	뜻과 음	신하	신
	쓰는 순서	丨 厂 臣 臣 臣	
伏	뜻과 음	엎드릴	복
	쓰는 순서	亻 什 伙 伏 伏	
戎	뜻과 음	오랑케	융
	쓰는 순서	一 チ 式 戎 戎	
羌	뜻과 음	오랑케	강
	쓰는 순서	丷 艹 羊 羊 羌	

臣伏戎羌 : 위와 같이 사랑과 덕으로 다스리면 오랑캐들도 복종한다.

遐	뜻과 음	멀	하
	쓰는 순서	⺁ ⺁ ⺁ 叚 遐	
邇	뜻과 음	가까울	이
	쓰는 순서	⺅ 爾 爾 邇 邇	
壹	뜻과 음	한	일
	쓰는 순서	士 壺 壹 壹 壹	
體	뜻과 음	몸	체
	쓰는 순서	罒 骨 體 體 體	

遐邇壹體 : 멀고 가까운 나라가 임금의 덕망으로 감화되어 하나가 된다.

率	뜻과 음	거느릴	솔
	쓰는 순서	亠 玄 泫 率 率	
賓	뜻과 음	손	빈
	쓰는 순서	宀 宀 宵 賓 賓	
歸	뜻과 음	돌아올	귀
	쓰는 순서	卣 皀 皈 歸 歸	
王	뜻과 음	임금	왕
	쓰는 순서	一 丁 千 王	

率賓歸王 : 서로 이끌고 복종하여 임금에게로 돌아온다.

鳴	뜻과 음	울	명
	쓰는 순서	口 吖 呺 鳴 鳴	
鳳	뜻과 음	봉황새	봉
	쓰는 순서	丿 几 凡 鳳 鳳	
在	뜻과 음	있을	재
	쓰는 순서	一 才 右 存 在	
樹	뜻과 음	나무	수
	쓰는 순서	木 札 柎 樁 樹	

鳴鳳在樹 : 명군 성현이 나타나면 나무 위에서 봉황이 운다.

	뜻과 음	흰	백
白	쓰는 순서	ノ イ 白 白 白	
駒	뜻과 음	망아지	구
	쓰는 순서	厂 馬 馬 駒 駒	
食	뜻과 음	밥	식
	쓰는 순서	人 今 今 食 食	
場	뜻과 음	마당	장
	쓰는 순서	土 圵 圴 場 場	

白駒食場 : 흰 망아지도 감화되면 마당의 풀을 뜯어 먹게 된다.

	뜻과 음	될	화
化	쓰는 순서	ノ イ 化 化	
被	뜻과 음	입을	피
	쓰는 순서	亠 衤 衤 祯 被	
草	뜻과 음	풀	초
	쓰는 순서	艹 芍 苩 苴 草	
木	뜻과 음	나무	목
	쓰는 순서	一 十 才 木	

化被草木 : 덕은 짐승뿐이 아니라 초목에까지 미친다.

	뜻과 음	힘입을	뢰
賴	쓰는 순서	彐 申 刺 剌 賴	
及	뜻과 음	미칠	급
	쓰는 순서	ノ ア 乃 及	
萬	뜻과 음	일만	만
	쓰는 순서	艹 苎 莒 萬 萬	
方	뜻과 음	모	방
	쓰는 순서	丶 亠 宁 方	

賴及萬方 : 어진 덕은 만방에 고루 미친다.

蓋	뜻과 음	덮을	개					
	쓰는 순서	艹 芏 荖 莘 蓋						
此	뜻과 음	이를	차					
	쓰는 순서	卜 止 止 此						
身	뜻과 음	몸	신					
	쓰는 순서	亻 冂 身 身 身						
髮	뜻과 음	터럭	발					
	쓰는 순서	髟 镸 髟 髮 髮						

蓋此身髮 : 몸과 털은 부모에게서 물려 받은 소중한 것이다.

四	뜻과 음	넉	사					
	쓰는 순서	丨 冂 叮 四 四						
大	뜻과 음	큰	대					
	쓰는 순서	一 ナ 大						
五	뜻과 음	다섯	오					
	쓰는 순서	一 丁 五 五						
常	뜻과 음	떳떳	상					
	쓰는 순서	丨 丷 𫩍 営 常						

四大五常 : 네 가지 큰 것과 다섯 가지 떳떳함은 天地君夫와 仁義禮智信이다.

恭	뜻과 음	공손할	공					
	쓰는 순서	艹 芈 共 恭 恭						
惟	뜻과 음	오직	유					
	쓰는 순서	亻 忄 忄 忄 惟						
鞠	뜻과 음	기를	국					
	쓰는 순서	艹 莒 革 鞠 鞠						
養	뜻과 음	기를	양					
	쓰는 순서	丷 羊 美 養 養						

恭惟鞠養 : 부모님의 은혜를 잊으면 안 되고 항상 공경할 것이다.

豈	뜻과 음	어찌	기					
	쓰는 순서	ˈ 山 岩 豈 豈						
敢	뜻과 음	감히	감					
	쓰는 순서	ㄱ 千 盾 耵 敢						
毁	뜻과 음	헐	훼					
	쓰는 순서	⺓ 臼 倝 毁 毁						
傷	뜻과 음	상할	상					
	쓰는 순서	亻 仴 僔 僖 傷						

豈敢毁傷 : 부모님이 주시고 길러주신 이몸을 어찌 감히 훼상할 수 있으리오.

女	뜻과 음	계집	여					
	쓰는 순서	ㄑ 女 女						
慕	뜻과 음	사모할	모					
	쓰는 순서	艹 茳 莫 莫 慕						
貞	뜻과 음	곧을	정					
	쓰는 순서	⺊ ⼘ 占 肖 貞						
烈	뜻과 음	매울	열					
	쓰는 순서	厂 歹 列 列 烈						

女慕貞烈 : 여자는 모름지기 정조를 굳게 지키고 행실을 단정히 해야 한다.

男	뜻과 음	사내	남					
	쓰는 순서	ㅁ 吅 田 甲 男						
效	뜻과 음	본받을	효					
	쓰는 순서	亠 交 交 效 效						
才	뜻과 음	재주	재					
	쓰는 순서	一 十 才						
良	뜻과 음	어질	양					
	쓰는 순서	ㄱ ㅋ 白 良 良						

男效才良 : 남자는 재능을 갈고 닦아 어짊을 본받아야 한다.

知	뜻과 음	알	지					
	쓰는 순서	⺧ ⺧ 知 知 知						
過	뜻과 음	지날	과					
	쓰는 순서	口 冎 咼 渦 過						
必	뜻과 음	반드시	필					
	쓰는 순서	丶 丿 必 必 必						
改	뜻과 음	고칠	개					
	쓰는 순서	丁 己 已 改 改						

知過必改 : 누구나 허물은 있으니 그 허물을 아는 즉시 고쳐야 한다.

得	뜻과 음	얻을	득					
	쓰는 순서	彳 彳日 得 得 得						
能	뜻과 음	능할	능					
	쓰는 순서	厶 育 育 能 能						
莫	뜻과 음	말	막					
	쓰는 순서	艹 莒 莒 莫 莫						
忘	뜻과 음	잊을	망					
	쓰는 순서	亠 亡 亡 忘 忘						

得能莫忘 : 알아야 할 것을 배우면 그것을 잊지 말아야 한다.

罔	뜻과 음	없을	망					
	쓰는 순서	丨 冂 罔 罔 罔						
談	뜻과 음	말씀	담					
	쓰는 순서	言 言 訂 談 談						
彼	뜻과 음	저	피					
	쓰는 순서	彳 彳 彳 彼 彼						
短	뜻과 음	짧을	단					
	쓰는 순서	⺧ ⺧ 矢 知 短						

罔談彼短 : 남의 단점을 알더라도 절대로 말하지 말 것이다.

靡	뜻과 음	아닐	미
	쓰는 순서	广 庐 麻 靡 靡	
恃	뜻과 음	믿을	시
	쓰는 순서	忄 忄 忭 恃 恃	
己	뜻과 음	몸	기
	쓰는 순서	ㄱ ㄱ 己	
長	뜻과 음	긴	장
	쓰는 순서	丨 F 토 투 長	

靡恃己長 : 자신의 장점을 믿고 자랑하지 말라.

信	뜻과 음	믿을	신
	쓰는 순서	亻 信 信 信 信	
使	뜻과 음	부릴	사
	쓰는 순서	亻 仁 信 伊 使	
可	뜻과 음	옳을	가
	쓰는 순서	一 一 宀 可 可	
覆	뜻과 음	엎을	복
	쓰는 순서	冖 襾 覀 覂 覆	

信使可覆 : 믿음은 절대로 변하면 안 되는 것이니 마땅히 지켜야 한다.

器	뜻과 음	그릇	기
	쓰는 순서	吅 吅 哭 哭 器	
慾	뜻과 음	욕심	욕
	쓰는 순서	夕 谷 欲 慾 慾	
難	뜻과 음	어려울	난
	쓰는 순서	廿 堇 蓳 蓳 難	
量	뜻과 음	헤아릴	양
	쓰는 순서	冂 므 昌 昌 量	

器慾難量 : 인간의 기량은 깊은 것이어서 헤아리기 어렵다.

墨	뜻과 음	먹	묵
	쓰는 순서	四 甲 黑 墨 墨	
悲	뜻과 음	슬플	비
	쓰는 순서	ﾉ 키 非 悲 悲	
絲	뜻과 음	실	사
	쓰는 순서	幺 糸 糸 絲 絲	
染	뜻과 음	물들일	염
	쓰는 순서	ﾗ 氵 氿 染 染	

墨悲絲染 : 흰 실에 검은 물이 들면 아쉬운 것처럼 매사에 조심하라는 말.

詩	뜻과 음	글	시
	쓰는 순서	言 言 計 詩 詩	
讚	뜻과 음	기릴	찬
	쓰는 순서	言 誩 誩 讚 讚	
羔	뜻과 음	양새끼	고
	쓰는 순서	ﾝ ⺍ 羊 羔 羔	
羊	뜻과 음	양	양
	쓰는 순서	ﾝ ⺍ 兰 羊	

詩讚羔羊 : 시전 고양편에 문왕의 덕으로 남국 대부가 바르게 됨을 기리다.

景	뜻과 음	볕	경
	쓰는 순서	口 日 早 昙 景	
行	뜻과 음	갈	행
	쓰는 순서	ﾁ 彳 彳 行 行	
維	뜻과 음	벼리	유
	쓰는 순서	幺 糸 糽 絆 維	
賢	뜻과 음	어질	현
	쓰는 순서	厂 臣 臤 腎 賢	

景行維賢 : 행동이 바르고 분명한 사람은 어진 사람이 된다.

| 剋 | 뜻과 음 | 이길 | 극 |
| | 쓰는 순서 | 十 古 古 克 剋 |

| 念 | 뜻과 음 | 생각 | 념 |
| | 쓰는 순서 | 丿 亼 今 念 念 |

| 作 | 뜻과 음 | 지을 | 작 |
| | 쓰는 순서 | 亻 作 作 作 作 |

| 聖 | 뜻과 음 | 성스러울 | 성 |
| | 쓰는 순서 | 丆 耳 耳 聖 聖 |

剋念作聖 : 덕과 수양을 꾸준히 잘 쌓으면 성인이 된다.

| 德 | 뜻과 음 | 큰 | 덕 |
| | 쓰는 순서 | 彳 彳 往 德 德 |

| 建 | 뜻과 음 | 세울 | 건 |
| | 쓰는 순서 | ⺻ 글 聿 建 建 |

| 名 | 뜻과 음 | 이름 | 명 |
| | 쓰는 순서 | 夕 夕 夕 名 名 |

| 立 | 뜻과 음 | 설 | 립 |
| | 쓰는 순서 | 丷 亠 亠 立 |

德建名立 : 덕으로 행하면 그 이름을 빛낸다.

| 形 | 뜻과 음 | 형상 | 형 |
| | 쓰는 순서 | 二 干 开 形 形 |

| 端 | 뜻과 음 | 끝, 단정할 | 단 |
| | 쓰는 순서 | 立 立 端 端 端 |

| 表 | 뜻과 음 | 겉 | 표 |
| | 쓰는 순서 | 二 主 表 表 表 |

| 正 | 뜻과 음 | 바를 | 정 |
| | 쓰는 순서 | 一 丁 下 正 正 |

形端表正 : 바르고 단정하면 겉으로 나타난다.

空	(뜻과 음) 빌 공
	(쓰는 순서) ` 宀 宀 空 空
谷	(뜻과 음) 골 곡
	(쓰는 순서) 八 父 父 谷 谷
傳	(뜻과 음) 전할 전
	(쓰는 순서) 亻 伂 俥 僖 傳
聲	(뜻과 음) 소리 성
	(쓰는 순서) 士 声 殸 聲 聲

空谷傳聲 : 좋은 말은 골짜기에서 퍼져가는 소리처럼 전해진다.

虛	(뜻과 음) 빌 허
	(쓰는 순서) ㅕ 虍 虍 虍 虛
堂	(뜻과 음) 집 당
	(쓰는 순서) ㅣ ⺍ 凿 凿 堂
習	(뜻과 음) 익힐 습
	(쓰는 순서) ㄱ 习 羽 習 習
聽	(뜻과 음) 들을 청
	(쓰는 순서) ㅌ 耳 耵 聹 聽

虛堂習聽 : 빈 집에서 소리가 잘 들리듯이 덕있는 말은 멀리서도 잘 들린다.

禍	(뜻과 음) 재앙 화
	(쓰는 순서) 丁 禾 祁 祸 禍
因	(뜻과 음) 인할 인
	(쓰는 순서) ㅣ 冂 门 丙 因
惡	(뜻과 음) 악할 악
	(쓰는 순서) 吅 丗 亜 惡 惡
積	(뜻과 음) 쌓을 적
	(쓰는 순서) 二 千 禾 積 積

禍因惡積 : 바르고 단정하면 겉으로 나타난다.

福	뜻과 음	복	복
	쓰는 순서	亍 禾 礻 祸 福	
緣	뜻과 음	인연	연
	쓰는 순서	幺 糸 絡 縁 緣	
善	뜻과 음	착할	선
	쓰는 순서	兰 羊 盖 善 善	
慶	뜻과 음	경사	경
	쓰는 순서	广 庐 庐 廖 慶	

福緣善慶 : 착한 일을 하다보면 좋은 일이 생긴다.

尺	뜻과 음	자	척
	쓰는 순서	勹 コ 尸 尺	
璧	뜻과 음	구슬	벽
	쓰는 순서	吊 品 辟 壁 璧	
非	뜻과 음	아닐	비
	쓰는 순서	丿 扌 非 非 非	
寶	뜻과 음	보배	보
	쓰는 순서	宀 宔 寶 寶 寶	

尺璧非寶 : 한 자 되는 구슬이라도 반드시 보배는 아니다.

寸	뜻과 음	마디	촌
	쓰는 순서	一 十 寸	
陰	뜻과 음	그늘	음
	쓰는 순서	阝 阶 陰 陰 陰	
是	뜻과 음	이	시
	쓰는 순서	口 旦 무 昰 是	
競	뜻과 음	다툴	경
	쓰는 순서	立 音 竞 競 競	

寸陰是競 : 귀한 보배보다 촌각의 시간이 더 소중한 것이다.

24

資	뜻과 음	재물	자
	쓰는 순서	冫 冫 泞 沓 資	
父	뜻과 음	아비	부
	쓰는 순서	丶 丷 父 父	
事	뜻과 음	일	사
	쓰는 순서	一 亖 亘 亘 事	
君	뜻과 음	임금	군
	쓰는 순서	丁 丑 尹 君 君	

資父事君 : 어버이를 섬김과 같이 임금을 섬겨야 한다.

曰	뜻과 음	가로	왈
	쓰는 순서	丨 冂 日 日	
嚴	뜻과 음	엄할	엄
	쓰는 순서	吅 严 罕 嚴 嚴	
與	뜻과 음	더불어	여
	쓰는 순서	丨 臼 臼 與 與	
敬	뜻과 음	공경	경
	쓰는 순서	艹 芍 苟 敬 敬	

曰嚴與敬 : 임금을 섬김에는 엄숙함과 공경함으로 해야 한다.

孝	뜻과 음	효도	효
	쓰는 순서	十 土 耂 孝 孝	
當	뜻과 음	마땅할	당
	쓰는 순서	丷 屵 尚 當 當	
竭	뜻과 음	다할	갈
	쓰는 순서	立 刅 刡 竭 竭	
力	뜻과 음	힘	력
	쓰는 순서	丁 力	

孝當竭力 : 효도함은 마땅히 힘을 다해 섬겨야 한다.

忠

뜻과 음	충성	충
쓰는 순서	口口中忠忠	

則

뜻과 음	곧	측
쓰는 순서	冂目貝則則	

盡

뜻과 음	다할	진
쓰는 순서	尹聿聿書盡	

命

뜻과 음	목숨	명
쓰는 순서	人今令命命	

忠則盡命 : 충성을 함은 목숨을 다하여 하는 것이다.

臨

뜻과 음	임할	임
쓰는 순서	厂臣臨臨臨	

深

뜻과 음	깊을	심
쓰는 순서	氵氵氵深深	

履

뜻과 음	밟을	리
쓰는 순서	尸尸尸屑履	

薄

뜻과 음	얇을	박
쓰는 순서	艹艹蒲蓮薄	

臨深履薄 : 깊은 곳에 임하듯, 얇은 곳을 밟듯 주의해야 한다.

夙

뜻과 음	일찍	숙
쓰는 순서	丿几凡夙夙	

興

뜻과 음	일	흥
쓰는 순서	ㅌ用朋興興	

溫

뜻과 음	따뜻할	온
쓰는 순서	氵氵沪浧溫	

淸

뜻과 음	맑을,서늘할	청
쓰는 순서	氵氵清清清	

夙興溫淸 : 일찍 일어나서 추우면 덥게 더우면 서늘하게 해드려야 한다.

似	(뜻과 음)	같을	사					
	(쓰는 순서)	亻 亻ᄼ 亻ᄼᆺ 似 似						
蘭	(뜻과 음)	난초	란					
	(쓰는 순서)	艹 芦 芦 蘭 蘭						
斯	(뜻과 음)	이	사					
	(쓰는 순서)	卄 芇 其 斯 斯						
馨	(뜻과 음)	향기	형					
	(쓰는 순서)	声 声 磬 馨 馨						

似蘭斯馨 : 군자의 지조는 난초의 향기와 같다.

如	(뜻과 음)	같을	여					
	(쓰는 순서)	乚 乄 如 如 如						
松	(뜻과 음)	솔	송					
	(쓰는 순서)	十 木 朳 松 松						
之	(뜻과 음)	갈	지					
	(쓰는 순서)	丶 ㇇ 之						
盛	(뜻과 음)	성할	성					
	(쓰는 순서)	厂 成 成 盛 盛						

如松之盛 : 군자의 절개는 소나무와 같이 변치 않아야 한다.

川	(뜻과 음)	내	천					
	(쓰는 순서)	丿 刂 川						
流	(뜻과 음)	흐를	류					
	(쓰는 순서)	氵 汁 浐 済 流						
不	(뜻과 음)	아니	불					
	(쓰는 순서)	一 丆 不 不						
息	(뜻과 음)	쉴	식					
	(쓰는 순서)	丿 白 白 息 息						

川流不息 : 내의 흐름은 쉬지 않으니 군자의 행동을 말한다.

	뜻과 음	못	연
淵 | 쓰는 순서 | 氵 氵 沪 渊 淵 | |

	뜻과 음	맑을	징
澄 | 쓰는 순서 | 氵 沪 澄 澄 澄 | |

	뜻과 음	취할	취
取 | 쓰는 순서 | 厂 耳 耳 取 取 | |

	뜻과 음	비칠	영
映 | 쓰는 순서 | 冂 日 昫 映 映 | |

淵澄取映 : 군자의 마음 가짐은 연못의 물처럼 맑게 비추어야 한다.

	뜻과 음	얼굴	용
容 | 쓰는 순서 | 宀 宀 突 容 容 | |

	뜻과 음	그칠	지
止 | 쓰는 순서 | 丨 十 止 止 | |

	뜻과 음	같을	약
若 | 쓰는 순서 | 艹 艹 芋 若 若 | |

	뜻과 음	생각	사
思 | 쓰는 순서 | 冂 田 田 思 思 | |

容止若思 : 행동은 바르게, 생각은 깊게 해야 한다.

	뜻과 음	말씀	언
言 | 쓰는 순서 | 亠 言 言 言 言 | |

	뜻과 음	말씀	사
辭 | 쓰는 순서 | 宀 奋 奋 辭 辭 | |

	뜻과 음	편안할	안
安 | 쓰는 순서 | 丶 宀 宊 安 安 | |

	뜻과 음	정할	정
定 | 쓰는 순서 | 宀 宁 宇 定 定 | |

言辭安定 : 말은 안정되게 해야 한다.

篤	뜻과 음	도타울	독
	쓰는 순서	⺮ ⺮ 笁 笃 篤	
初	뜻과 음	처음	초
	쓰는 순서	⁒ ⺬ ⺭ 初 初	
誠	뜻과 음	정성	성
	쓰는 순서	⁼ 訁 訪 誠 誠	
美	뜻과 음	아름다울	미
	쓰는 순서	⁼ 羊 羊 美 美	

篤初誠美 : 무슨 일이든 처음에 신중하게 해야 좋은 결과가 있다.

愼	뜻과 음	삼갈	신
	쓰는 순서	ⵄ 忄 忄 愼 愼	
終	뜻과 음	끝	종
	쓰는 순서	乡 糸 終 終 終	
宜	뜻과 음	마땅할	의
	쓰는 순서	⼧ ⼧ 宁 宜 宜	
令	뜻과 음	하여금	령
	쓰는 순서	丿 人 厶 今 令	

愼終宜令 : 끝맺음도 신중하게 하여 좋은 결과를 맺어야 한다.

榮	뜻과 음	영화	영
	쓰는 순서	⺀ ⺶ 熒 荣 榮	
業	뜻과 음	업	업
	쓰는 순서	⺀ 业 业 丵 業	
所	뜻과 음	바	소
	쓰는 순서	丿 ⼾ 所 所 所	
基	뜻과 음	터	기
	쓰는 순서	⼀ 甘 其 其 基	

榮業所基 : 이상과 같이 잘 지키면 번성의 터전이 된다.

籍	뜻과 음	문서 적
	쓰는 순서	⺮ 笋 笋 籍 籍
甚	뜻과 음	심할 심
	쓰는 순서	艹 甘 其 其 甚
無	뜻과 음	없을 무
	쓰는 순서	㇒ 仁 無 無 無
竟	뜻과 음	마침내 경
	쓰는 순서	二 立 产 音 竟

籍甚無竟 : 뿐만 아니라 자신의 명성이 끊임없이 전해질 것이다.

學	뜻과 음	배울 학
	쓰는 순서	⺊ 臼 闬 學 學
優	뜻과 음	넉넉할 우
	쓰는 순서	亻 仟 俹 優 優
登	뜻과 음	오를 등
	쓰는 순서	㇆ 癶 癶 癸 登
仕	뜻과 음	벼슬할 사
	쓰는 순서	ノ 亻 仁 什 仕

學優登仕 : 학식이 넉넉하면 벼슬을 할 수 있다.

攝	뜻과 음	잡을 섭
	쓰는 순서	扌 扩 捭 攝 攝
職	뜻과 음	직책 직
	쓰는 순서	王 耵 耴 聤 職
從	뜻과 음	좇을 종
	쓰는 순서	彳 彴 律 從 從
政	뜻과 음	정사 정
	쓰는 순서	㇀ 正 正 政 政

攝職從政 : 일을 맡으면 소신껏 정사를 펼쳐야 한다.

存	뜻과 음	있을	존						
	쓰는 순서	一 ナ 右 存 存							
以	뜻과 음	써	이						
	쓰는 순서	レ レ 以 以							
甘	뜻과 음	달	감						
	쓰는 순서	一 廿 甘 甘							
棠	뜻과 음	아가위	당						
	쓰는 순서	⺌ ⺌ 告 堂 棠							

存以甘棠 : 주나라 소공은 감당나무 아래서 백성을 다스렸다.

去	뜻과 음	갈	거						
	쓰는 순서	一 十 土 去 去							
而	뜻과 음	말이을	이						
	쓰는 순서	一 丆 冂 而 而							
益	뜻과 음	더할	익						
	쓰는 순서	八 ㅛ 仌 谷 益							
詠	뜻과 음	읊을	영						
	쓰는 순서	글 言 訁 詠 詠							

去而益詠 : 소공이 죽자 백성들이 감당시를 지어 그의 덕을 기렸다.

樂	뜻과 음	풍류	악						
	쓰는 순서	白 紬 樂 樂 樂							
殊	뜻과 음	다를	수						
	쓰는 순서	歹 夕 死 殊 殊							
貴	뜻과 음	귀할	귀						
	쓰는 순서	口 虫 虫 貴 貴							
賤	뜻과 음	천할	천						
	쓰는 순서	目 貝 貱 賤 賤							

樂殊貴賤 : 풍류도 귀천에 따라 각각 다르다.

禮	뜻과 음	예절	예
	쓰는 순서	示 和 禮 禮 禮	
別	뜻과 음	분별할	별
	쓰는 순서	口 尸 另 別 別	
尊	뜻과 음	높을	존
	쓰는 순서	八 什 酋 奠 尊	
卑	뜻과 음	낮을	비
	쓰는 순서	丿 白 血 鱼 卑	

禮別尊卑 : 예절에도 높고 낮은 분별이 있다.

上	뜻과 음	위	상
	쓰는 순서	丨 十 上	
和	뜻과 음	화할	화
	쓰는 순서	二 千 禾 利 和	
下	뜻과 음	아래	하
	쓰는 순서	一 丁 下	
睦	뜻과 음	화목할	목
	쓰는 순서	冂 目 盱 眭 睦	

上和下睦 : 위에서 사랑하고 아래에서 공경하여 화목하게 된다.

夫	뜻과 음	지아비	부
	쓰는 순서	一 二 丰 夫	
唱	뜻과 음	부를	창
	쓰는 순서	口 叩 呷 唱 唱	
婦	뜻과 음	아내	부
	쓰는 순서	女 女 妒 婦 婦	
隨	뜻과 음	따를	수
	쓰는 순서	阝 阝 陏 隋 隨	

夫唱婦隨 : 지아비가 부르면 아내가 따르니 원만한 가정을 이룬다.

外	뜻과 음	바깥	외							
	쓰는 순서	ノクタ列外								
受	뜻과 음	받을	수							
	쓰는 순서	爫爫受受受								
傅	뜻과 음	스승	부							
	쓰는 순서	イ侑侑傅傅								
訓	뜻과 음	가르칠	훈							
	쓰는 순서	言言訓訓訓								

外受傅訓 : 밖에서는 스승의 가르침을 받아야 한다.

入	뜻과 음	들	입							
	쓰는 순서	ノ入								
奉	뜻과 음	받들	봉							
	쓰는 순서	三声夫奏奉								
母	뜻과 음	어미	모							
	쓰는 순서	乙母母母母								
儀	뜻과 음	거동	의							
	쓰는 순서	イ俨俨儀儀								

入奉母儀 : 집에서는 어머니의 행동과 가르침을 본받아야 한다.

諸	뜻과 음	모두	제							
	쓰는 순서	言言諸諸諸								
姑	뜻과 음	시어미	고							
	쓰는 순서	女女妨姑姑								
伯	뜻과 음	맏	백							
	쓰는 순서	イ伯伯伯伯								
叔	뜻과 음	아재비	숙							
	쓰는 순서	卜木叔叔								

諸姑伯叔 : 고모와 백부, 숙부 등은 친척이다.

33

猶	뜻과 음	같을	유
	쓰는 순서	丨 犭 犳 猶 猶	
子	뜻과 음	아들	자
	쓰는 순서	一 了 子	
比	뜻과 음	견줄	비
	쓰는 순서	一 † 比 比	
兒	뜻과 음	아이	아
	쓰는 순서	〈 臼 臼 臼 兒	

猶子比兒 : 조카들도 자식과 같이 차이를 두지 말 것이다.

孔	뜻과 음	구멍	공
	쓰는 순서	一 了 子 孔	
懷	뜻과 음	품을	회
	쓰는 순서	忄 忄 忄 惏 懷	
兄	뜻과 음	맏	형
	쓰는 순서	丶 口 口 尸 兄	
弟	뜻과 음	아우	제
	쓰는 순서	⺍ ⺍ 当 弟 弟	

孔懷兄弟 : 형제는 서로 사랑하고 의가 좋아야 한다.

同	뜻과 음	같을	동
	쓰는 순서	丨 冂 冋 同 同	
氣	뜻과 음	기운	기
	쓰는 순서	𠂉 气 气 氧 氣	
連	뜻과 음	연결할	연
	쓰는 순서	一 亘 車 連 連	
枝	뜻과 음	가지	지
	쓰는 순서	十 才 木 朾 枝	

同氣連枝 : 형제는 부모의 같은 기운을 받았으니 나뭇가지와 같다.

交	뜻과 음	사귈	교					
	쓰는 순서	亠 亠 六 六 交						
友	뜻과 음	벗	우					
	쓰는 순서	一 ナ 方 友						
投	뜻과 음	던질	투					
	쓰는 순서	扌 扌 扚 抈 投						
分	뜻과 음	나눌	분					
	쓰는 순서	丿 八 今 分						

交友投分 : 벗을 사귐에 있어 서로 분수에 맞아야 한다.

切	뜻과 음	절실할	절					
	쓰는 순서	一 七 切 切						
磨	뜻과 음	갈	마					
	쓰는 순서	亠 广 府 麻 磨						
箴	뜻과 음	경계	잠					
	쓰는 순서	竹 竺 笒 箴 箴						
規	뜻과 음	법	규					
	쓰는 순서	二 夫 却 捛 規						

切磨箴規 : 학문과 덕을 쌓아서 사람의 도리를 해야 한다.

仁	뜻과 음	어질	인					
	쓰는 순서	丿 亻 仁 仁						
慈	뜻과 음	사랑	자					
	쓰는 순서	亠 玆 兹 慈 慈						
隱	뜻과 음	숨을	은					
	쓰는 순서	阝 阝 阽 隱 隱						
惻	뜻과 음	슬플	측					
	쓰는 순서	忄 忄 侧 惧 惻						

仁慈隱惻 : 어진 마음으로 사랑하고 측은하게 아껴주어야 한다.

造 | 뜻과 음 | 지을 　　　　조
　 | 쓰는 순서 | 丿 生 告 浩 造

次 | 뜻과 음 | 버금 　　　　차
　 | 쓰는 순서 | 冫 冫 汷 次 次

弗 | 뜻과 음 | 아닐 　　　　불
　 | 쓰는 순서 | 一 コ 弓 弗 弗

離 | 뜻과 음 | 떠날 　　　　리
　 | 쓰는 순서 | 离 离 剤 離 離

造次弗離 : 남을 염려하는 마음을 항상 간직해야 한다.

節 | 뜻과 음 | 마디 　　　　절
　 | 쓰는 순서 | 竹 竹 笆 節 節

義 | 뜻과 음 | 옳을 　　　　의
　 | 쓰는 순서 | 丷 羊 羊 義 義

廉 | 뜻과 음 | 청렴할 　　　렴
　 | 쓰는 순서 | 广 广 庐 庶 廉

退 | 뜻과 음 | 물러날 　　　퇴
　 | 쓰는 순서 | ⺕ 艮 艮 退 退

節義廉退 : 절개와 의리, 청렴과 사양은 군자가 지켜야 할 도리다.

顚 | 뜻과 음 | 넘어질 　　　전
　 | 쓰는 순서 | 匕 旨 眞 顚 顚

沛 | 뜻과 음 | 자빠질 　　　패
　 | 쓰는 순서 | 冫 汀 沛 沛 沛

匪 | 뜻과 음 | 아닐 　　　　비
　 | 쓰는 순서 | 一 丅 扌 菲 匪

虧 | 뜻과 음 | 이지러질 　　휴
　 | 쓰는 순서 | 卜 虍 虖 虧 虧

顚沛匪虧 : 엎어지고 넘어져도 이지러지지 않으니 용기를 가질 일이다.

性	뜻과 음	성품	성					
	쓰는 순서	忄 忄 忄 忄 性						
靜	뜻과 음	고요할	정					
	쓰는 순서	靑 靑 靜 靜 靜						
情	뜻과 음	뜻	정					
	쓰는 순서	忄 忄 忄 情 情						
逸	뜻과 음	편안할	일					
	쓰는 순서	免 免 免 逸 逸						

性靜情逸 : 성품이 고요하면 마음이 편안하다.

心	뜻과 음	마음	심					
	쓰는 순서	心 心 心 心						
動	뜻과 음	움직일	동					
	쓰는 순서	重 重 重 動 動						
神	뜻과 음	정신	신					
	쓰는 순서	示 示 神 神 神						
疲	뜻과 음	피곤할	피					
	쓰는 순서	广 疒 疒 疲 疲						

心動神疲 : 마음이 움직이면 정신이 피로해진다.

守	뜻과 음	지킬	수					
	쓰는 순서	宀 宀 守 守						
眞	뜻과 음	참	진					
	쓰는 순서	片 片 眞 眞 眞						
志	뜻과 음	뜻	지					
	쓰는 순서	一 十 士 志 志						
滿	뜻과 음	가득할	만					
	쓰는 순서	氵 氵 满 满 滿						

守眞志滿 : 참된 도리를 지키면 뜻이 충만하고 커진다.

逐	뜻과 음	쫓을	축						
	쓰는 순서	丆 豸 豕 豕 逐 逐							
物	뜻과 음	만물	물						
	쓰는 순서	丶 牛 牜 牤 物 物							
意	뜻과 음	뜻	의						
	쓰는 순서	丄 立 音 音 意							
移	뜻과 음	옮길	이						
	쓰는 순서	二 千 禾 移 移							

逐物意移 : 물욕이 심하면 옳은 뜻이 옮지 못하게 된다.

堅	뜻과 음	굳을	견						
	쓰는 순서	丨 戸 臤 臤 堅							
持	뜻과 음	가질	지						
	쓰는 순서	扌 扌 扩 持 持							
雅	뜻과 음	맑을	아						
	쓰는 순서	丆 牙 邪 邪 雅							
操	뜻과 음	지조	조						
	쓰는 순서	扌 扩 护 掃 操							

堅持雅操 : 지조는 굳세고 깨끗하게 지켜야 한다.

好	뜻과 음	좋을	호						
	쓰는 순서	乚 乚 女 奵 好							
爵	뜻과 음	벼슬	작						
	쓰는 순서	爫 罒 爵 爵 爵							
自	뜻과 음	스스로	자						
	쓰는 순서	丿 亻 白 自 自							
縻	뜻과 음	얽어맬	미						
	쓰는 순서	亠 庀 麻 麼 縻							

好爵自縻 : 할 바를 다하면 좋은 벼슬은 스스로 오기 마련이다.

都	뜻과 음	도읍	도					
	쓰는 순서	土 耂 者 都 都						
邑	뜻과 음	고을	읍					
	쓰는 순서	口 무 吕 邑						
華	뜻과 음	빛날	화					
	쓰는 순서	艹 芏 芏 華 華						
夏	뜻과 음	여름	하					
	쓰는 순서	一 丆 百 夏 夏						

都邑華夏 : 도읍은 왕성이 있는 곳이며, 화하는 당시 중국의 이름이다.

東	뜻과 음	동녘	동					
	쓰는 순서	一 日 申 東 東						
西	뜻과 음	서녘	서					
	쓰는 순서	一 丆 丙 西 西						
二	뜻과 음	두	이					
	쓰는 순서	一 二						
京	뜻과 음	서울	경					
	쓰는 순서	一 亠 亨 京 京						

東西二京 : 동과 서에 두 서울, 동경은 낙양이고 서경은 장안이다.

背	뜻과 음	등	배					
	쓰는 순서	礻 扌 北 背 背						
邙	뜻과 음	산이름	망					
	쓰는 순서	二 亡 亡 邙 邙						
面	뜻과 음	낯	면					
	쓰는 순서	一 丙 而 面 面						
洛	뜻과 음	낙수	락					
	쓰는 순서	冫 氵 沪 洛 洛						

背邙面洛 : 동경인 낙양은 북망산을 등지고 바라보고 있다.

浮	뜻과 음	뜰	부
	쓰는 순서	冫 氵 泃 浮 浮	
渭	뜻과 음	물이름	위
	쓰는 순서	氵 氵 渭 渭 渭	
據	뜻과 음	의지할	거
	쓰는 순서	扌 扩 拵 據 據	
涇	뜻과 음	물이름	경
	쓰는 순서	冫 氵 沤 涇 涇	

浮渭據涇 : 서경인 장안은 위수를 끼고 경수를 의지하고 있다.

宮	뜻과 음	집	궁
	쓰는 순서	宀 宀 宮 宮 宮	
殿	뜻과 음	대궐	전
	쓰는 순서	尸 屈 展 殿 殿	
盤	뜻과 음	소반	반
	쓰는 순서	力 月 舟 般 盤	
欝	뜻과 음	울창할	울
	쓰는 순서	木 杉 杉 欝 欝	

宮殿盤欝 : 궁전은 울창한 나무 사이에 놓인 듯 웅장하다.

樓	뜻과 음	다락	루
	쓰는 순서	木 杉 桿 樓 樓	
觀	뜻과 음	볼	관
	쓰는 순서	艹 茸 藋 觀 觀	
飛	뜻과 음	날	비
	쓰는 순서	乀 飞 飛 飛 飛	
驚	뜻과 음	놀랄	경
	쓰는 순서	苟 敬 敬 驚 驚	

樓觀飛驚 : 누각과 관망대는 높이 솟아 있다.

圖	뜻과 음	그림	도					
	쓰는 순서	冂 冂 呙 局 圖						
寫	뜻과 음	베낄	사					
	쓰는 순서	宀 宵 宵 寫 寫						
禽	뜻과 음	새	금					
	쓰는 순서	人 今 含 禽 禽						
獸	뜻과 음	짐승	수					
	쓰는 순서	吅 罒 嘼 獸 獸						

圖寫禽獸 : 새와 짐승을 그린 그림.

畫	뜻과 음	그림	화					
	쓰는 순서	⼹ 聿 書 畫 畫						
彩	뜻과 음	채색	채					
	쓰는 순서	⺈ 平 采 彩 彩						
仙	뜻과 음	신선	선					
	쓰는 순서	丿 亻 仆 仙 仙						
靈	뜻과 음	신령	령					
	쓰는 순서	雨 霏 霝 霝 靈						

畫彩仙靈 : 신선과 신령의 그림이 채색되어 있다.

丙	뜻과 음	남녘	병					
	쓰는 순서	一 丆 丙 丙 丙						
舍	뜻과 음	집	사					
	쓰는 순서	人 스 仐 舍 舍						
傍	뜻과 음	곁	방					
	쓰는 순서	亻 伫 傍 傍 傍						
啓	뜻과 음	열	계					
	쓰는 순서	氵 户 所 啟 啓						

丙舍傍啓 : 병사 옆의 문을 열어 출입하게 하다.

	뜻과 음	갑옷	갑
甲	쓰는 순서	ㅣ 冂 冂 日 甲	

	뜻과 음	장막	장
帳	쓰는 순서	冂 巾 忭 帳 帳	

	뜻과 음	마주할	대
對	쓰는 순서	业 丵 丵 對 對	

	뜻과 음	기둥	영
楹	쓰는 순서	木 杉 栖 楹 楹	

甲帳對楹 : 갑장이 기둥을 대했으니 임금이 잠시 머무는 곳이다.

	뜻과 음	펼	사
肆	쓰는 순서	⻑ 镸 镸⺻ 镸⺻ 肆	

	뜻과 음	자리	연
筵	쓰는 순서	竹 竺 筵 筵 筵	

	뜻과 음	베풀	설
設	쓰는 순서	言 言 訳 設 設	

	뜻과 음	자리	석
席	쓰는 순서	亠 广 庐 庐 席 席	

肆筵設席 : 돗자리를 펴서 잔치 자리를 마련하다.

	뜻과 음	북	고
鼓	쓰는 순서	士 吉 壴 鼓 鼓	

	뜻과 음	비파	슬
瑟	쓰는 순서	王 珏 珡 瑟 瑟	

	뜻과 음	불	취
吹	쓰는 순서	口 口 吣 吹 吹	

	뜻과 음	생황	생
笙	쓰는 순서	竹 竺 竺 竺 笙	

鼓瑟吹笙 : 비파를 치고 생황을 불다.

陞	뜻과 음	오를	승					
	쓰는 순서	ㅏ ㅏ- 阡 陛 陞						
階	뜻과 음	섬돌	계					
	쓰는 순서	ㅏ ㅏ 阧 階 階						
納	뜻과 음	들일	납					
	쓰는 순서	幺 糸 糺 納 納						
陛	뜻과 음	섬돌	폐					
	쓰는 순서	ㅏ ㅏ 阡 陛 陛						

陞階納陛 : 문무백관이 계단을 올라 임금께 납폐한다.

弁	뜻과 음	고깔	변					
	쓰는 순서	ㄱ ㅅ ㅗ 弁 弁						
轉	뜻과 음	구를	전					
	쓰는 순서	車 軒 軥 轉 轉						
疑	뜻과 음	의심할	의					
	쓰는 순서	ㄴ 矣 矣 疑 疑						
星	뜻과 음	별	성					
	쓰는 순서	ㄱ 日 旦 早 星						

弁轉疑星 : 머리에 쓴 관의 모양이 별이 아닌가 의심할 정도로 현란하다.

右	뜻과 음	오른	우					
	쓰는 순서	ノ ナ 右 右 右						
通	뜻과 음	통할	통					
	쓰는 순서	マ 丙 甬 甬 通						
廣	뜻과 음	넓을	광					
	쓰는 순서	广 庐 庌 廧 廣						
內	뜻과 음	안	내					
	쓰는 순서	ㅣ 冂 內 內						

右通廣內 : 오른편은 비서들이 일 보는 광내전으로 통했다.

| 左 | 뜻과 음 | 왼 | 좌 |
| | 쓰는 순서 | 一 ナ 十 右 左 | |

| 達 | 뜻과 음 | 이를 | 달 |
| | 쓰는 순서 | 土 ま 幸 ì 達 | |

| 承 | 뜻과 음 | 이을 | 승 |
| | 쓰는 순서 | ﾡ 了 茅 承 承 | |

| 明 | 뜻과 음 | 밝을 | 명 |
| | 쓰는 순서 | 刀 日 日 明 明 | |

左達承明 : 왼편으로 사기를 교열하는 승명이라는 집이 있다.

| 旣 | 뜻과 음 | 이미 | 기 |
| | 쓰는 순서 | ﾉ 白 皂 皀 旣 | |

| 集 | 뜻과 음 | 모을 | 집 |
| | 쓰는 순서 | 亻 亻 隹 隹 集 | |

| 墳 | 뜻과 음 | 무덤 | 분 |
| | 쓰는 순서 | 土 圹 坹 增 墳 | |

| 典 | 뜻과 음 | 법 | 전 |
| | 쓰는 순서 | 冂 曲 曲 典 典 | |

旣集墳典 : 이미 모은 삼분과 오전은 삼황과 오제의 글이다.

| 亦 | 뜻과 음 | 또 | 역 |
| | 쓰는 순서 | 一 亠 广 方 亦 | |

| 聚 | 뜻과 음 | 모일 | 취 |
| | 쓰는 순서 | 耳 取 聚 聚 聚 | |

| 群 | 뜻과 음 | 무리 | 군 |
| | 쓰는 순서 | 크 君 君 群 群 | |

| 英 | 뜻과 음 | 꽃부리 | 영 |
| | 쓰는 순서 | 艹 花 苧 英 英 | |

亦聚群英 : 또 여러 영웅을 모아 분전을 강론하여 치국의 도를 밝혔다.

杜	뜻과 음	막을	두						
	쓰는 순서	十 才 木 朴 杜							
稿	뜻과 음	볏짚	고						
	쓰는 순서	二 禾 秬 稿 稿							
鍾	뜻과 음	쇠북	종						
	쓰는 순서	스 金 鈩 鍾 鍾							
隷	뜻과 음	글씨	례						
	쓰는 순서	士 幸 肀 肀 隷							

杜稿鍾隷 : 초서를 처음 쓴 두고와 예서를 처음 쓴 종례.

漆	뜻과 음	옻	칠						
	쓰는 순서	氵 沐 溙 漆 漆							
書	뜻과 음	글	서						
	쓰는 순서	彐 聿 聿 書 書							
壁	뜻과 음	바람벽	벽						
	쓰는 순서	尸 启 辟 辟 壁							
經	뜻과 음	글	경						
	쓰는 순서	幺 糸 經 經 經							

漆書壁經 : 한나라 영제가 돌벽에서 발견한 서골과 공자의 육경도 있다.

府	뜻과 음	마을	부						
	쓰는 순서	亠 广 庐 府 府							
羅	뜻과 음	벌릴	라						
	쓰는 순서	罒 罗 緊 羂 羅							
將	뜻과 음	장수	장						
	쓰는 순서	丨 爿 护 护 將							
相	뜻과 음	서로, 정승	상						
	쓰는 순서	十 木 相 相 相							

府羅將相 : 관부에는 좌우에 장수와 정승들이 늘어서 있다.

| 路 | 뜻과 음 | 길 | 로 |
| | 쓰는 순서 | ㅁ �足 趵 跤 路 | |

| 俠 | 뜻과 음 | 호협할 | 협 |
| | 쓰는 순서 | 亻 亻 伖 俠 俠 | |

| 槐 | 뜻과 음 | 느티나무 | 괴 |
| | 쓰는 순서 | 十 木 杧 柙 槐 | |

| 卿 | 뜻과 음 | 벼슬 | 경 |
| | 쓰는 순서 | 乀 邜 卯 卿 卿 | |

路俠槐卿 : 길에는 고관인 삼공과 구경의 행열이 지나간다.

| 戶 | 뜻과 음 | 지게 | 호 |
| | 쓰는 순서 | 一 ㄺ ㅋ 戶 | |

| 封 | 뜻과 음 | 봉할 | 봉 |
| | 쓰는 순서 | 十 丰 圭 封 封 | |

| 八 | 뜻과 음 | 여덟 | 팔 |
| | 쓰는 순서 | 丿 八 | |

| 縣 | 뜻과 음 | 고을 | 현 |
| | 쓰는 순서 | 目 㮯 縣 縣 縣 | |

戶封八縣 : 천하를 통일해 여덟 고을 만호를 주어 공신으로 봉했다.

| 家 | 뜻과 음 | 집 | 가 |
| | 쓰는 순서 | 宀 宀 宋 家 家 | |

| 給 | 뜻과 음 | 줄 | 급 |
| | 쓰는 순서 | 幺 糸 糸 給 給 | |

| 千 | 뜻과 음 | 일천 | 천 |
| | 쓰는 순서 | 一 二 千 | |

| 兵 | 뜻과 음 | 군사 | 병 |
| | 쓰는 순서 | 厂 斤 丘 兵 兵 | |

家給千兵 : 공신들에게 천 명의 군사를 주어 그 집을 호위했다.

高	뜻과 음	높을	고
	쓰는 순서	亠 亠 高 高 高	
冠	뜻과 음	갓	관
	쓰는 순서	一 冖 冠 冠 冠	
陪	뜻과 음	모실	배
	쓰는 순서	阝 阝 阡 陪 陪	
輦	뜻과 음	손수레	련
	쓰는 순서	扌 扶 替 輦 輦	

高冠陪輦 : 높은 관을 쓰게 하고 수레로 모셔 제후의 예로 대접했다.

驅	뜻과 음	몰	구
	쓰는 순서	厂 馬 馬 馹 驅	
轂	뜻과 음	바퀴	곡
	쓰는 순서	土 声 車 軎 轂	
振	뜻과 음	떨칠	진
	쓰는 순서	扌 扩 护 振 振	
纓	뜻과 음	갓끈	영
	쓰는 순서	幺 糸 細 纓 纓	

驅轂振纓 : 수레를 몰 때 갓의 끈이 흔들리면 제후의 위엄처럼 보인다.

世	뜻과 음	대, 인간	세
	쓰는 순서	一 十 世 世	
祿	뜻과 음	녹봉	록
	쓰는 순서	二 示 衤 衤 祿	
侈	뜻과 음	사치할	치
	쓰는 순서	亻 亻 侈 侈 侈	
富	뜻과 음	부자	부
	쓰는 순서	宀 宀 富 富 富	

世祿侈富 : 내리는 녹봉은 사치하고 풍부해서 대대로 영화를 누렸다.

車 뜻과 음 수레 거
쓰는 순서 一 口 百 亘 車

駕 뜻과 음 멍에 가
쓰는 순서 力 加 賀 駕 駕

肥 뜻과 음 살찔 비
쓰는 순서 月 月 肝 肥 肥

輕 뜻과 음 가벼울 경
쓰는 순서 百 亘 車 輕 輕

車駕肥輕 : 수레를 끄는 말은 살찌고, 수레는 가볍게 단장했다.

策 뜻과 음 꾀 책
쓰는 순서 ⺮ 竺 笞 笧 策

功 뜻과 음 공 공
쓰는 순서 一 丅 工 玏 功

茂 뜻과 음 성할 무
쓰는 순서 十 艹 芒 茂 茂

實 뜻과 음 열매 실
쓰는 순서 宀 宣 宲 實 實

策功茂實 : 공을 꾀함에 무성하고 충실하다.

勒 뜻과 음 굴레 륵
쓰는 순서 廿 苫 革 靮 勒

碑 뜻과 음 돌기둥 비
쓰는 순서 碑 碑 碑 碑 碑

刻 뜻과 음 새길 각
쓰는 순서 亠 亥 亥 刻 刻

銘 뜻과 음 새길 명
쓰는 순서 人 牟 金 釸 銘

勒碑刻銘 : 공을 기리기 위해 비석에 이름을 새겨 후세에 전했다.

磻	뜻과 음	강이름	반		
	쓰는 순서	丆 石 矼 碳 磻			
溪	뜻과 음	시내	계		
	쓰는 순서	氵 沪 淫 溪 溪			
伊	뜻과 음	저	이		
	쓰는 순서	亻 伫 伊 伊 伊			
尹	뜻과 음	맏, 다스릴	윤		
	쓰는 순서	㇆ ㇕ 彐 尹			

磻溪伊尹 : 문왕은 반계에서 강태공을, 은왕은 신야에서 이윤을 맞았다.

佐	뜻과 음	도울	좌		
	쓰는 순서	亻 伫 伫 佐 佐			
時	뜻과 음	때	시		
	쓰는 순서	刂 日 旷 時 時			
阿	뜻과 음	언덕	아		
	쓰는 순서	阝 阝 阿 阿 阿			
衡	뜻과 음	저울대	형		
	쓰는 순서	彳 衎 衜 獟 衡			

佐時阿衡 : 위급한 때 임금을 도와 그 공으로 상나라 재상 아형이 되었다.

奄	뜻과 음	문득	엄		
	쓰는 순서	丆 大 夲 夲 奄			
宅	뜻과 음	집	택		
	쓰는 순서	丶 宀 宀 宅 宅			
曲	뜻과 음	굽을	곡		
	쓰는 순서	冂 冂 曲 曲 曲			
阜	뜻과 음	언덕	부		
	쓰는 순서	丆 户 𠂤 𠂤 阜			

奄宅曲阜 : 주공의 공을 보답하여 곡부에 궁전을 세워 하사하였다.

	뜻과 음	작을	미
微 | 쓰는 순서 | 彳 彿 微 微 微 | |

	뜻과 음	아침	단
旦 | 쓰는 순서 | 丨 冂 日 日 旦 | |

	뜻과 음	누구	숙
孰 | 쓰는 순서 | 亠 宀 享 孰 孰 | |

	뜻과 음	다스릴	영
營 | 쓰는 순서 | 火 炏 燚 營 營 | |

微旦孰營 : 주공 단이 아니었으면 누가 그곳에 궁전을 세웠겠는가.

	뜻과 음	굳셀	환
桓 | 쓰는 순서 | 十 木 杧 柘 桓 | |

	뜻과 음	귀	공
公 | 쓰는 순서 | 丿 八 公 公 | |

	뜻과 음	바를	광
匡 | 쓰는 순서 | 一 丆 丟 王 匡 | |

	뜻과 음	모일	합
合 | 쓰는 순서 | 丿 人 亼 合 合 | |

桓公匡合 : 제나라 환공은 초나라를 물리치고 천하를 바로 잡았다.

	뜻과 음	건널, 구제할	제
濟 | 쓰는 순서 | 氵 汀 汸 濟 濟 | |

	뜻과 음	연약할	약
弱 | 쓰는 순서 | 己 弓 弱 弱 弱 | |

	뜻과 음	도울	부
扶 | 쓰는 순서 | 十 扌 扗 扶 扶 | |

	뜻과 음	기울	경
傾 | 쓰는 순서 | 亻 佢 佰 佰 傾 | |

濟弱扶傾 : 약한 나라를 구제하고 기우는 제신을 바로잡아주었다.

綺	뜻과 음	비단	기			
	쓰는 순서	幺 糸 紵 結 綺				
回	뜻과 음	돌아올	회			
	쓰는 순서	丨 冂 冋 回 回				
漢	뜻과 음	한수	한			
	쓰는 순서	氵 汙 淐 漢 漢				
惠	뜻과 음	은혜	혜			
	쓰는 순서	宀 叀 叀 惠 惠				

綺回漢惠 : 한나라의 네 현인 중 기가 한나라 혜제를 회복시켜주었다.

說	뜻과 음	말씀	설			
	쓰는 순서	氵 言 計 訛 說				
感	뜻과 음	느낄	감			
	쓰는 순서	厂 咸 咸 咸 感				
武	뜻과 음	굳셀, 호반	무			
	쓰는 순서	一 二 干 武 武				
丁	뜻과 음	장정	정			
	쓰는 순서	一 丁				

說感武丁 : 부열은 무정의 꿈에 나타나 감동되어 정승이 되었다.

俊	뜻과 음	준걸	준			
	쓰는 순서	俊 俊 俊 俊 俊				
乂	뜻과 음	재주, 벨	예			
	쓰는 순서	丿 乂				
密	뜻과 음	빽빽할	밀			
	쓰는 순서	宀 宓 宓 密 密				
勿	뜻과 음	말	물			
	쓰는 순서	丿 勹 勺 勿				

俊乂密勿 : 준걸과 재사가 많이 모여들었다.

多	뜻과 음	많을	다
	쓰는 순서	ク 夕 タ 多 多	
士	뜻과 음	선비	사
	쓰는 순서	一 十 士	
宲	뜻과 음	이	식
	쓰는 순서	宀 宯 宯 宲 宲	
寧	뜻과 음	편안할	녕
	쓰는 순서	宀 宓 寍 寍 寧	

多士寔寧 : 바른 선비들이 많으니 태평성대이다.

晋	뜻과 음	진나라	진
	쓰는 순서	丁 丣 严 晋 晋	
楚	뜻과 음	초나라	초
	쓰는 순서	木 林 梺 梺 楚	
更	뜻과 음	다시	갱
	쓰는 순서	厂 百 百 更 更	
霸	뜻과 음	으뜸	패
	쓰는 순서	宀 覀 覀 霫 霸	

晋楚更霸 : 진나라와 초나라가 다시 패권을 잡다.

趙	뜻과 음	조나라	조
	쓰는 순서	土 丰 走 赳 趙	
魏	뜻과 음	나라	위
	쓰는 순서	禾 委 貏 魏 魏	
困	뜻과 음	곤할	곤
	쓰는 순서	冂 冃 冃 困 困	
橫	뜻과 음	가로	횡
	쓰는 순서	木 杧 槠 橫 橫	

趙魏困橫 : 조와 위는 연횡 때문에 진나라에 많은 곤란을 받았다.

	뜻과 음	거짓	가
假	쓰는 순서	亻 亻' 作 假 假	

	뜻과 음	길	도
途	쓰는 순서	人 今 余 涂 途	

	뜻과 음	멸할	멸
滅	쓰는 순서	氵 氵 沭 滅 滅	

	뜻과 음	나라이름	괵
虢	쓰는 순서	⺈ 爭 虏 虢 號	

假途滅虢 : 진헌공이 우국의 길을 빌려 괵국을 섬멸하였다.

	뜻과 음	밟을	천
踐	쓰는 순서	⼞ 卫 趺 踐 踐	

	뜻과 음	흙	토
土	쓰는 순서	一 十 土	

	뜻과 음	모을	회
會	쓰는 순서	人 슌 侖 會 會	

	뜻과 음	맹세	맹
盟	쓰는 순서	冂 日 明 明 盟	

踐土會盟 : 진문공이 제후들을 천토에 모아 맹세하게 했다.

	뜻과 음	어찌	하
何	쓰는 순서	亻 亻 仃 何 何	

	뜻과 음	좇을	준
遵	쓰는 순서	八 竹 笛 尊 遵	

	뜻과 음	맺을	약
約	쓰는 순서	幺 糸 糹 約 約	

	뜻과 음	법	법
法	쓰는 순서	丶 氵 汢 法 法	

何遵約法 : 소하는 한고조와 더불어 약법삼장을 만들어 지키게 했다.

| 韓 | 뜻과 음 | 한나라 | 한 |
| | 쓰는 순서 | ㅁ 卓 軩 韓 韓 | |

| 弊 | 뜻과 음 | 해질 | 폐 |
| | 쓰는 순서 | 竹 冄 敝 敝 弊 | |

| 煩 | 뜻과 음 | 괴로울 | 번 |
| | 쓰는 순서 | ㆍ 火 炉 煩 煩 | |

| 刑 | 뜻과 음 | 형벌 | 형 |
| | 쓰는 순서 | 二 干 开 刑 刑 | |

韓弊煩刑 : 한비는 진시황에게 극형을 내리게 해서 많은 폐단을 가져왔다.

| 起 | 뜻과 음 | 일어날 | 기 |
| | 쓰는 순서 | 土 圥 走 起 起 | |

| 剪 | 뜻과 음 | 자를 | 전 |
| | 쓰는 순서 | 丷 肖 前 剪 剪 | |

| 頗 | 뜻과 음 | 자못 | 파 |
| | 쓰는 순서 | 厂 皮 𠕋 頗 頗 | |

| 牧 | 뜻과 음 | 칠 | 목 |
| | 쓰는 순서 | 一 牛 牜 牧 牧 | |

起剪頗牧 : 백기와 왕전은 진의 장수고, 염파와 이목은 조의 장수다.

| 用 | 뜻과 음 | 쓸 | 용 |
| | 쓰는 순서 | 丿 冂 月 月 用 | |

| 軍 | 뜻과 음 | 군사 | 군 |
| | 쓰는 순서 | 冖 冝 宣 宣 軍 | |

| 最 | 뜻과 음 | 가장 | 최 |
| | 쓰는 순서 | 曰 昌 昂 最 最 | |

| 精 | 뜻과 음 | 정기 | 정 |
| | 쓰는 순서 | 丷 米 粘 精 精 | |

用軍最精 : 위의 네 장수는 군사를 쓰기에 가장 정결했다.

宣	뜻과 음	베풀	선					
	쓰는 순서	宀 宀 宁 宣 宣						
威	뜻과 음	위엄	위					
	쓰는 순서	厂 反 威 威 威						
沙	뜻과 음	모래	사					
	쓰는 순서	氵 沪 沪 沙 沙						
漠	뜻과 음	아득할	막					
	쓰는 순서	氵 汴 浩 漠 漠						

宣威沙漠 : 위엄이 멀리 사막에까지 퍼지다.

馳	뜻과 음	달릴	치					
	쓰는 순서	𠃌 馬 馬 馿 馳						
譽	뜻과 음	기릴	예					
	쓰는 순서	𦥑 與 與 譽						
丹	뜻과 음	붉을	단					
	쓰는 순서	丿 刀 丹 丹						
青	뜻과 음	푸를	청					
	쓰는 순서	二 圭 丰 青 青						

馳譽丹青 : 한나라 선제는 공신들의 초상을 기린각 단청에 그렸다.

九	뜻과 음	아홉	구					
	쓰는 순서	乚 九						
州	뜻과 음	고을	주					
	쓰는 순서	丶 丿 州 州 州						
禹	뜻과 음	임금	우					
	쓰는 순서	𠂊 臼 禹 禹 禹						
跡	뜻과 음	발자취	적					
	쓰는 순서	口 뭐 跠 跡 跡						

九州禹跡 : 9주를 정한 것은 우임금의 공적의 자취를 알게 하기 위해서다.

	뜻과 음	일백	백
百	쓰는 순서	一 T 丁 丙 百	
郡	뜻과 음	고을	군
	쓰는 순서	ヲ 尹 君 郡 郡	
秦	뜻과 음	진나라	진
	쓰는 순서	二 丰 夫 奉 秦	
并	뜻과 음	어우를	병
	쓰는 순서	ソ 丷 兰 并 并	

百郡秦并 : 진은 천하를 통일하고 전국에 100군을 두었다.

	뜻과 음	큰산	악
嶽	쓰는 순서	山 圹 崕 嶽 嶽	
宗	뜻과 음	마루	종
	쓰는 순서	宀 宀 宀 宇 宗	
恒	뜻과 음	항상	항
	쓰는 순서	丶 忄 忄 恒 恒	
垈	뜻과 음	산이름, 터	대
	쓰는 순서	亻 代 代 垈 垈	

嶽宗恒垈 : 오악은 항산과 태산이 조종이다.

	뜻과 음	닦을	선
禪	쓰는 순서	二 禾 禅 禪 禪	
主	뜻과 음	주인	주
	쓰는 순서	丶 亠 主 主 主	
云	뜻과 음	이를	운
	쓰는 순서	一 二 云 云	
亭	뜻과 음	정자	정
	쓰는 순서	亠 亠 高 高 亭	

禪主云亭 : 운정은 천자를 봉선하고 제사드리는 곳으로 태산에 있다.

雁	뜻과 음	기러기	안						
	쓰는 순서	厂 厍 厍 雁 雁							
門	뜻과 음	문	문						
	쓰는 순서	冂 冂 冃 門 門							
紫	뜻과 음	자주빛	자						
	쓰는 순서	丨 ⺊ 此 紫 紫							
塞	뜻과 음	변방	새						
	쓰는 순서	宀 宀 宭 実 塞							

雁門紫塞 : 북에는 안문산이 있고, 만리장성 밖에는 붉은 적성이 있다.

鷄	뜻과 음	닭	계						
	쓰는 순서	⺍ 爫 奚 鷄 鷄							
田	뜻과 음	밭	전						
	쓰는 순서	丨 冂 冊 田 田							
赤	뜻과 음	붉을	적						
	쓰는 순서	十 土 尗 赤 赤							
城	뜻과 음	재	성						
	쓰는 순서	十 圠 圻 城 城							

鷄田赤城 : 계전은 옹주에 있고, 적성은 거주에 있다.

昆	뜻과 음	맏	곤						
	쓰는 순서	冂 日 旦 昆 昆							
池	뜻과 음	못	지						
	쓰는 순서	丶 氵 汀 沌 池							
碣	뜻과 음	비	갈						
	쓰는 순서	丆 石 砐 碣 碣							
石	뜻과 음	돌	석						
	쓰는 순서	一 丆 ァ 石 石							

昆池碣石 : 곤지는 운남 곤명현에 있고, 갈석은 부평현에 있다.

鉅	뜻과 음	클		거
	쓰는 순서	ㅅ 牟 金 鉅 鉅		
野	뜻과 음	들		야
	쓰는 순서	�口 甲 里 野 野		
洞	뜻과 음	마을		동
	쓰는 순서	ㆍ 氵 汋 洞 洞		
庭	뜻과 음	뜰		정
	쓰는 순서	ㆍ 广 庄 庭 庭		

鉅野洞庭 : 거야는 태산 동쪽의 광야고, 동정은 호남성에 있는 제일의 호수다.

曠	뜻과 음	빌, 밝을		광
	쓰는 순서	日 旷 暸 曠 曠		
遠	뜻과 음	멀		원
	쓰는 순서	土 吉 袁 遠 遠		
綿	뜻과 음	솜		면
	쓰는 순서	幺 糸 約 綿 綿		
邈	뜻과 음	멀		막
	쓰는 순서	ㆍ 豸 豹 貌 邈		

曠遠綿邈 : 산, 호수, 벌판들이 멀리까지 아득히 이어져 있다.

巖	뜻과 음	바위		암
	쓰는 순서	山 岩 岸 巖 巖		
峀	뜻과 음	메뿌리		수
	쓰는 순서	丨 山 屵 峀 峀		
杳	뜻과 음	어두울, 깊을		묘
	쓰는 순서	十 木 杏 杳 杳		
冥	뜻과 음	어두울		명
	쓰는 순서	ㆍ 宀 冒 冥 冥		

巖峀杳冥 : 큰 바위 사이는 동굴처럼 깊고 어둡다.

治	뜻과 음	다스릴	치						
	쓰는 순서	丶 氵 氵 治 治 治							
本	뜻과 음	근본	본						
	쓰는 순서	一 十 才 木 本							
於	뜻과 음	어조사	어						
	쓰는 순서	亠 方 扩 於 於							
農	뜻과 음	농사	농						
	쓰는 순서	曲 曲 严 農 農							

治本於農 : 농사를 나라 다스리는 근본을 삼으니, 농본정책을 말한다.

務	뜻과 음	일, 힘쓸	무						
	쓰는 순서	矛 予 秒 務 務							
兹	뜻과 음	이	자						
	쓰는 순서	亠 亠 玄 兹 兹							
稼	뜻과 음	심을	가						
	쓰는 순서	千 禾 秒 稼 稼							
穡	뜻과 음	거둘	색						
	쓰는 순서	千 禾 秫 穡 穡							

務兹稼穡 : 힘껏 일해서 심고 거두어야 한다.

俶	뜻과 음	비로소	숙						
	쓰는 순서	亻 亻 什 俶 俶							
載	뜻과 음	실을	재						
	쓰는 순서	土 吉 車 載 載							
南	뜻과 음	남녘	남						
	쓰는 순서	十 宀 內 南 南							
畝	뜻과 음	밭이랑	묘						
	쓰는 순서	亠 亩 亩 畝 畝							

俶載南畝 : 비로소 양지바른 남쪽 밭에서 경작을 하다.

我	뜻과 음	나	아
	쓰는 순서	二 手 我 我 我
藝	뜻과 음	재주	예
	쓰는 순서	艹 芸 藝 藝 藝
黍	뜻과 음	기장	서
	쓰는 순서	二 禾 夭 秂 黍
稷	뜻과 음	피	직
	쓰는 순서	千 禾 秆 秤 稷

我藝黍稷 : 나는 기장과 피를 심는 일에 정성을 다하겠다.

稅	뜻과 음	거둘	세
	쓰는 순서	千 禾 秒 稻 稅
熟	뜻과 음	익을	숙
	쓰는 순서	亠 享 孰 孰 熟
貢	뜻과 음	바칠	공
	쓰는 순서	一 千 斉 肴 貢
新	뜻과 음	새	신
	쓰는 순서	亠 辛 亲 新 新

稅熟貢新 : 곡식이 익으면 세를 내고, 햇곡식으로 종묘에 제사를 올린다.

勸	뜻과 음	권할	권
	쓰는 순서	艹 苩 萑 藋 勸
賞	뜻과 음	상줄	상
	쓰는 순서	丷 严 尚 賞 賞
黜	뜻과 음	물리칠	출
	쓰는 순서	曰 里 黑 黜 黜
陟	뜻과 음	오를	척
	쓰는 순서	阝 阯 阯 陟 陟

勸賞黜陟 : 농사를 잘 지은 사람에게는 상을, 게을리 한 사람은 출척했다.

孟	뜻과 음	맏	맹						
	쓰는 순서	了 子 子 子 孟 孟							
軻	뜻과 음	높을	가						
	쓰는 순서	一 百 車 軻 軻							
敦	뜻과 음	도타울	돈						
	쓰는 순서	亠 亯 享 訰 敦							
素	뜻과 음	바탕, 흴	소						
	쓰는 순서	三 丰 素 素							

孟軻敦素 : 맹자는 어머니의 교훈을 받아 자사문하에서 배웠다.

史	뜻과 음	역사	사						
	쓰는 순서	丶 口 口 史 史							
魚	뜻과 음	물고기	어						
	쓰는 순서	夕 匂 命 魚 魚							
秉	뜻과 음	잡을	병						
	쓰는 순서	二 年 秉 秉							
直	뜻과 음	곧을	직						
	쓰는 순서	十 古 直 直 直							

史魚秉直 : 사어는 위나라의 대부였으며 성품이 매우 강직했다.

庶	뜻과 음	무리	서						
	쓰는 순서	亠 广 庐 庶 庶							
幾	뜻과 음	거의	기						
	쓰는 순서	丝 丝 丝 幾 幾							
中	뜻과 음	가운데	중						
	쓰는 순서	丶 口 口 中							
庸	뜻과 음	떳떳할, 쓸	용						
	쓰는 순서	亠 广 庐 庯 庸							

庶機中庸 : 어떤 일이든 한쪽으로 치우침이 없게 했다.

	뜻과 음	일할	노
勞	쓰는 순서	` `` ``` 勞 勞	

	뜻과 음	겸손할	겸
謙	쓰는 순서	訁 言 諫 謙 謙	

	뜻과 음	삼갈	근
謹	쓰는 순서	訁 言 謹 謹 謹	

	뜻과 음	조서	칙
勅	쓰는 순서	曰 車 束 剌 勅	

勞謙謹勅 : 일하고 겸손하며 삼가고 자신을 경계해야 한다.

	뜻과 음	들을	영
聆	쓰는 순서	﹁ 耳 耴 聆 聆	

	뜻과 음	소리	음
音	쓰는 순서	﹁ 立 咅 音 音	

	뜻과 음	살필	찰
察	쓰는 순서	宀 宀 宓 察 察	

	뜻과 음	다스릴	이
理	쓰는 순서	王 玶 玾 理 理	

聆音察理 : 목소리를 들어서 행동과 의중을 살펴야 한다.

	뜻과 음	거울	감
鑑	쓰는 순서	牟 金 鈩 鑑 鑑	

	뜻과 음	모양	모
貌	쓰는 순서	豸 豸 豹 豿 貌	

	뜻과 음	분별할	변
辨	쓰는 순서	立 辛 刬 辨 辨	

	뜻과 음	빛	색
色	쓰는 순서	勹 夕 夅 夅 色	

鑑貌辨色 : 용모와 거동으로 사람의 심리를 분별할 수 있다.

貽	뜻과 음	끼칠	이					
	쓰는 순서	冂 日 貝 貯 貽						
厥	뜻과 음	그	궐					
	쓰는 순서	厂 厈 屏 厥 厥						
嘉	뜻과 음	아름다울	가					
	쓰는 순서	十 吉 责 嘉 嘉						
猷	뜻과 음	꾀	유					
	쓰는 순서	宀 竹 酋 猷 猷						

貽厥嘉猷 : 착한 일을 하여 자손에게 좋은 것을 남겨야 한다.

勉	뜻과 음	힘쓸	면					
	쓰는 순서	夕 免 免 免 勉						
其	뜻과 음	그	기					
	쓰는 순서	一 艹 甘 其 其						
祇	뜻과 음	공경할	지					
	쓰는 순서	二 示 祁 祇 祇						
植	뜻과 음	심을	식					
	쓰는 순서	木 枯 柿 植 植						

勉其祇植 : 올바른 도리를 자손에게 남기도록 힘써야 한다.

省	뜻과 음	살필	성					
	쓰는 순서	丿 小 少 省 省						
躬	뜻과 음	몸	궁					
	쓰는 순서	勹 自 身 躬 躬						
譏	뜻과 음	나무랄	기					
	쓰는 순서	譏 譏 譏 譏 譏						
誡	뜻과 음	경계할	계					
	쓰는 순서	二 言 訴 誡 誡						

省躬譏誡 : 자신을 항상 살펴서 나무람이나 경계함을 가져야 한다.

寵	뜻과 음	사랑할	총
	쓰는 순서	宀 宎 宵 窜 寵	
增	뜻과 음	더할	증
	쓰는 순서	土 圵 坳 增 增	
抗	뜻과 음	겨룰, 막을	항
	쓰는 순서	扌 扌 扩 扩 抗	
極	뜻과 음	다할	극
	쓰는 순서	木 杯 柯 極 極	

寵增抗極 : 총애가 더할수록 교만하지 말고 더욱 조심해야 한다.

殆	뜻과 음	위태로울	태
	쓰는 순서	歹 歹 死 殆 殆	
辱	뜻과 음	욕될	욕
	쓰는 순서	厂 尸 辰 辱 辱	
近	뜻과 음	가까울	근
	쓰는 순서	厂 斤 斤 沂 近	
恥	뜻과 음	부끄러울	치
	쓰는 순서	厂 王 耳 耻 恥	

殆辱近恥 : 신임을 받는다고 욕된 일을 하면 머지않아 부끄럽게 된다.

林	뜻과 음	수풀	림
	쓰는 순서	十 木 杜 材 林	
睾	뜻과 음	늪	고
	쓰는 순서	宀 血 皐 皐 睾	
幸	뜻과 음	다행스러울	행
	쓰는 순서	十 土 去 幸 幸	
卽	뜻과 음	곧	즉
	쓰는 순서	白 皀 皀 卽 卽	

林睾幸卽 : 욕되게 사느니 숲에 묻혀 편히 지내는 것이 낫다.

兩	뜻과 음	두	양					
	쓰는 순서	一 一 雨 雨 兩						
疏	뜻과 음	트일	소					
	쓰는 순서	了 疋 疏 疏 疏						
見	뜻과 음	볼	견					
	쓰는 순서	冂 月 目 貝 見						
機	뜻과 음	틀	기					
	쓰는 순서	木 栏 栏 機 機						

兩疏見機 : 한나라의 소광과 소수는 때를 보아 상소한 후 낙향했다.

解	뜻과 음	풀	해					
	쓰는 순서	分 角 角 解 解						
組	뜻과 음	짤	조					
	쓰는 순서	幺 糸 糽 組 組						
誰	뜻과 음	누구	수					
	쓰는 순서	言 言 訃 誰 誰						
逼	뜻과 음	핍박할	핍					
	쓰는 순서	口 戸 畐 逼 逼						

解組誰逼 : 관의 끈을 풀고 낙향하니 누가 핍박하리요.

索	뜻과 음	찾을	색					
	쓰는 순서	十 击 索 索 索						
居	뜻과 음	살	거					
	쓰는 순서	尸 尸 屄 居 居						
閑	뜻과 음	한가할	한					
	쓰는 순서	门 阝 門 門 閑						
處	뜻과 음	곳	처					
	쓰는 순서	广 卢 虍 處 處						

索居閑處 : 퇴직하여 한가한 곳을 찾아 살아가다.

沈	뜻과 음	잠길	침				
	쓰는 순서	⺀ 氵 氵 沖 沈					
默	뜻과 음	잠잠할	묵				
	쓰는 순서	口 甲 黑 黓 默					
寂	뜻과 음	고요할	적				
	쓰는 순서	宀 宀 宇 宋 寂					
寥	뜻과 음	고요할	요				
	쓰는 순서	宀 宓 宓 宎 寥					

沈默寂寥 : 번뇌를 피해 조용히 사니 고요하고 태평하다.

求	뜻과 음	구할	구				
	쓰는 순서	一 十 才 求 求					
古	뜻과 음	옛	고				
	쓰는 순서	一 十 十 古 古					
尋	뜻과 음	찾을	심				
	쓰는 순서	⺕ ⺕ 큠 큞 尋					
論	뜻과 음	논의할	논				
	쓰는 순서	言 言 訡 論 論					

求古尋論 : 옛것을 의논하고 고인을 찾아 토론한다.

散	뜻과 음	흩어질	산				
	쓰는 순서	卄 芇 芇 散 散					
慮	뜻과 음	생각	려				
	쓰는 순서	广 广 庐 庸 慮					
逍	뜻과 음	거닐	소				
	쓰는 순서	小 肖 肖 消 逍					
遙	뜻과 음	멀, 노닐	요				
	쓰는 순서	夕 夗 孚 遙 遙					

散慮逍遙 : 세상 일을 잊고 자연 속에서 한가하게 살다.

欣	뜻과 음	기쁠	흔					
	쓰는 순서	厂 斤 斤 欣 欣						
奏	뜻과 음	아뢸	주					
	쓰는 순서	三 声 夫 奏 奏						
累	뜻과 음	여러	누					
	쓰는 순서	冂 田 罗 累 累						
遣	뜻과 음	보낼	견					
	쓰는 순서	口 虫 虫 書 遣						

欣奏累遣 : 기쁜 일은 말하고, 더러움은 입에 담지 않다.

感	뜻과 음	슬플	척					
	쓰는 순서	厂 戌 戚 戚 感						
謝	뜻과 음	사례할	사					
	쓰는 순서	言 言 訃 謝 謝						
歡	뜻과 음	기뻐할	환					
	쓰는 순서	艹 甚 萮 雚 歡						
招	뜻과 음	부를	초					
	쓰는 순서	扌 扫 招 招 招						

感謝歡招 : 마음의 슬픔은 없애고 즐거움만 불러온다.

渠	뜻과 음	개천	거					
	쓰는 순서	氵 洰 淮 渠 渠						
荷	뜻과 음	연꽃	하					
	쓰는 순서	艹 花 荷 荷						
的	뜻과 음	과녁	적					
	쓰는 순서	亻 白 的 的 的						
歷	뜻과 음	지낼	력					
	쓰는 순서	厂 厈 麻 歷 歷						

渠荷的歷 : 개천의 연꽃도 향기롭고 아름답다.

園	뜻과 음	동산	원
	쓰는 순서	冂 門 周 園 園	
莽	뜻과 음	우거질	망
	쓰는 순서	丆 艹 茉 莽 莽	
抽	뜻과 음	뽑을	추
	쓰는 순서	扌 扫 扣 抽 抽	
條	뜻과 음	가지	조
	쓰는 순서	亻 伩 佟 條 條	

園莽抽條 : 동산의 수풀은 땅으로부터 가지가 뻗어 우거진다.

枇	뜻과 음	나무	비
	쓰는 순서	十 才 术 杜 枇	
把	뜻과 음	잡을	파
	쓰는 순서	十 才 扣 扣 把	
晩	뜻과 음	저물	만
	쓰는 순서	冂 日 旷 晚 晩	
翠	뜻과 음	푸를	취
	쓰는 순서	羽 羽 䎃 翠 翠	

枇杷晚翠 : 비파나무 잎은 늦게까지 그 빛이 푸르다.

梧	뜻과 음	오동나무	오
	쓰는 순서	十 才 杆 梧 梧	
桐	뜻과 음	오동나무	동
	쓰는 순서	十 才 机 桐 桐	
早	뜻과 음	이를	조
	쓰는 순서	冂 日 旦 早	
凋	뜻과 음	시들	조
	쓰는 순서	冫 冂 凋 凋 凋	

梧桐早凋 : 오동 잎은 가을이 되면 곧 시들어버린다.

陳	뜻과 음	묵을, 베풀	진					
	쓰는 순서	⻖ ⻖ 阿 陣 陳						
根	뜻과 음	뿌리	근					
	쓰는 순서	十 木 杧 根 根						
委	뜻과 음	시들, 맡길	위					
	쓰는 순서	千 禾 禾 委 委						
翳	뜻과 음	가릴	예					
	쓰는 순서	匚 医 殴 翳 翳						

陳根委翳 : 묵은 뿌리는 시들어 마른다.

落	뜻과 음	떨어질	낙					
	쓰는 순서	十 艹 艹 茨 落						
葉	뜻과 음	잎사귀	엽					
	쓰는 순서	艹 芊 莊 葉 葉						
飄	뜻과 음	날릴	표					
	쓰는 순서	西 票 飘 飘 飘						
颻	뜻과 음	나부낄	요					
	쓰는 순서	夕 名 颭 颻 颻						

落葉飄颻 : 나뭇잎은 떨어져 바람에 나부낀다.

遊	뜻과 음	놀	유					
	쓰는 순서	方 扩 斿 游 遊						
鯤	뜻과 음	물고기	곤					
	쓰는 순서	夕 曲 魚 鮖 鯤						
獨	뜻과 음	홀로	독					
	쓰는 순서	犭 狎 狎 猬 獨						
運	뜻과 음	운전할	운					
	쓰는 순서	冖 昌 宣 軍 運						

遊鯤獨運 : 큰 고기 곤어는 홀로 바다를 헤엄친다.

凌	뜻과 음	능가할 능					
	쓰는 순서	冫 冫 冫 夌 凌					
摩	뜻과 음	갈, 만질 마					
	쓰는 순서	广 庐 麻 麼 摩					
絳	뜻과 음	붉을 강					
	쓰는 순서	幺 糸 終 絳 絳					
霄	뜻과 음	하늘 소					
	쓰는 순서	冖 丽 雨 霄 霄					

凌摩絳霄 : 곤어가 봉새로 변하여 붉은 하늘을 나니 운세를 말한다.

耽	뜻과 음	즐길 비					
	쓰는 순서	丌 耳 耶 耽 耽					
讀	뜻과 음	읽을 독					
	쓰는 순서	言 言 諅 讀 讀					
翫	뜻과 음	아낄 완					
	쓰는 순서	习 羽 習 翫 翫					
市	뜻과 음	저자 시					
	쓰는 순서	丶 一 亠 市 市					

耽讀翫市 : 독서를 즐겨 저자에서도 탐독하다.

寓	뜻과 음	붙일 우					
	쓰는 순서	宀 宀 宦 寓 寓					
目	뜻과 음	눈 목					
	쓰는 순서	丨 冂 冃 目 目					
囊	뜻과 음	주머니 낭					
	쓰는 순서	二 申 囊 囊 囊					
箱	뜻과 음	상자 상					
	쓰는 순서	𥫗 竹 笡 箱 箱					

寓目囊箱 : 글은 잊지 않고 주머니나 상자에 넣어둠과 같아야 한다.

易	뜻과 음	바꿀	역					
	쓰는 순서	冂 日 昜 昜 易						
輶	뜻과 음	가벼울	유					
	쓰는 순서	亘 車 軒 軡 輶						
攸	뜻과 음	바	유					
	쓰는 순서	亻 亻 仆 攸 攸						
畏	뜻과 음	두려울	외					
	쓰는 순서	冂 田 畏 畏 畏						

易輶攸畏 : 군자는 가볍게 움직이거나 쉽게 말하는 것을 두려워해야 한다.

屬	뜻과 음	붙일	속					
	쓰는 순서	尸 尸 屓 屬 屬						
耳	뜻과 음	귀	이					
	쓰는 순서	丁 丆 F 耳 耳						
垣	뜻과 음	담장	원					
	쓰는 순서	十 圹 圻 垣 垣						
墻	뜻과 음	담장	장					
	쓰는 순서	土 圹 塆 塇 墻						

屬耳垣墻 : 벽에도 귀가 있으니 말을 조심해야 한다.

具	뜻과 음	갖출	구					
	쓰는 순서	刂 目 且 具 具						
膳	뜻과 음	반찬	선					
	쓰는 순서	刂 月 胖 膳 膳						
飱	뜻과 음	먹을	손					
	쓰는 순서	丿 夕 歺 飱 飱						
飯	뜻과 음	밥	반					
	쓰는 순서	饣 钌 飦 飯 飯						

具膳飱飯 : 편식을 피해 반찬을 고루 갖추어 먹다.

適	뜻과 음	맞을		적					
	쓰는 순서	ᅶ 肖 商 滴 適							
口	뜻과 음	입		구					
	쓰는 순서	l 冂 口							
充	뜻과 음	채울		충					
	쓰는 순서	亠 去 云 产 充							
腸	뜻과 음	창자		장					
	쓰는 순서	刀 月 肌 腭 腸							

適口充腸 : 입에 맞는 음식이면 배를 채울 수 있다.

飽	뜻과 음	배부를		포					
	쓰는 순서	人 食 飣 飣 飽							
飫	뜻과 음	배부를		어					
	쓰는 순서	人 今 食 飠 飫							
烹	뜻과 음	삶을		팽					
	쓰는 순서	亠 古 亨 亨 烹							
宰	뜻과 음	재상		재					
	쓰는 순서	宀 宍 宰 宰 宰							

飽飫烹宰 : 배가 부르면 좋은 음식도 맛을 모른다.

飢	뜻과 음	주릴		기					
	쓰는 순서	人 今 食 飣 飢							
厭	뜻과 음	싫을		염					
	쓰는 순서	厂 厃 厃 厭 厭							
糟	뜻과 음	재강		조					
	쓰는 순서	丷 米 粕 糟 糟							
糠	뜻과 음	겨		강					
	쓰는 순서	丷 米 糽 糠 糠							

飢厭糟糠 : 배가 고프면 겨와 재강도 맛이 있다.

親	뜻과 음	친할	친
	쓰는 순서	亠 亲 新 親 親	
戚	뜻과 음	겨레	척
	쓰는 순서	厂 厈 戚 戚 戚	
故	뜻과 음	연고	고
	쓰는 순서	十 古 古 故 故	
舊	뜻과 음	오랠	구
	쓰는 순서	艹 萑 萑 舊 舊	

親戚故舊 : 친은 동성 친척이고 척은 이성 친척, 고구는 옛친구를 말한다.

老	뜻과 음	늙을	노
	쓰는 순서	十 土 耂 老 老	
少	뜻과 음	젊을	소
	쓰는 순서	亅 小 小 少	
異	뜻과 음	다를	이
	쓰는 순서	口 田 田 里 異	
糧	뜻과 음	양식	양
	쓰는 순서	丷 米 粌 粮 糧	

老少異糧 : 늙은이와 젊은이의 식사는 달라야 한다.

妾	뜻과 음	첩	첩
	쓰는 순서	亠 立 妾 妾 妾	
御	뜻과 음	모실	어
	쓰는 순서	彳 彳 徉 御 御	
績	뜻과 음	길쌈할	적
	쓰는 순서	幺 糸 糹 績 績	
紡	뜻과 음	실뽑을	방
	쓰는 순서	幺 糸 紒 紡 紡	

妾御績紡 : 아내나 첩은 길쌈을 부지런히 해야 한다.

侍	뜻과 음	모실	시					
	쓰는 순서	亻 亻 佳 侍 侍						
巾	뜻과 음	수건	건					
	쓰는 순서	丨 冂 巾						
帷	뜻과 음	장막	유					
	쓰는 순서	丨 巾 忄 帷 帷						
房	뜻과 음	방	방					
	쓰는 순서	亠 戶 戶 房 房						

侍巾帷房 : 여인은 안방에서 수건으로 남편을 잘 모셔야 한다.

紈	뜻과 음	깁	환					
	쓰는 순서	幺 糸 紀 紈 紈						
扇	뜻과 음	부채	선					
	쓰는 순서	亠 戶 扂 扇 扇						
圓	뜻과 음	둥글	원					
	쓰는 순서	冂 冋 冒 圓 圓						
潔	뜻과 음	맑을	결					
	쓰는 순서	氵 浐 潔 潔 潔						

紈扇圓潔 : 깁으로 만든 부채는 둥글고 깨끗하다.

銀	뜻과 음	은	은					
	쓰는 순서	亼 牟 金 釗 銀						
燭	뜻과 음	촛불	촉					
	쓰는 순서	丷 火 炤 炤 燭						
煒	뜻과 음	빛날	휘					
	쓰는 순서	丷 火 炜 炜 煒						
煌	뜻과 음	빛날	황					
	쓰는 순서	丷 火 炉 炉 煌						

銀燭煒煌 : 은으로 만든 촛불이 휘황찬란하게 비친다.

74

한자	뜻과 음	쓰는 순서
晝	낮 주	⺕ 肀 聿 書 晝
眠	졸음 면	冂 目 盿 眠 眠
夕	저녁 석	ノ ク 夕
寐	잠잘 매	宀 宀 穿 寐 寐

晝眠夕寐 : 낮에 낮잠 자고 밤에 일찍 자니 한가하다.

한자	뜻과 음	쓰는 순서
藍	쪽빛 람	艹 艹 萨 蔝 藍
筍	죽순 순	⺮ 竹 笱 筍 筍
象	코끼리 상	⺈ 缶 㑥 象 象
床	평상 상	亠 广 庁 床 床

藍筍象床 : 푸른 대순과 상아로 장식한 침상이니 부유한 사람의 것이다.

한자	뜻과 음	쓰는 순서
絃	줄 현	幺 糸 紘 紘 絃
歌	노래 가	可 可 哥 哥 歌
酒	술 주	氵 汀 洒 洒 酒
讌	잔치 연	言 言 諿 讌 讌

絃歌酒讌 : 거문고를 타며 술과 노래로 잔치한다.

接	뜻과 음	이을		접					
	쓰는 순서	扌 扩 护 接 接							
杯	뜻과 음	잔		배					
	쓰는 순서	十 木 杉 杉 杯							
舉	뜻과 음	들		거					
	쓰는 순서	臼 開 與 舉 舉							
觴	뜻과 음	잔		상					
	쓰는 순서	勹 角 舶 觴 觴							

接杯舉觴 : 작고 큰 술잔들을 주고 받으니 흥겨운 모습이다.

矯	뜻과 음	바로잡을		교					
	쓰는 순서	스 矢 矫 矫 矯							
手	뜻과 음	손		수					
	쓰는 순서	一 二 三 手 手							
頓	뜻과 음	조아릴		돈					
	쓰는 순서	匚 屯 軯 頓 頓							
足	뜻과 음	발		족					
	쓰는 순서	口 甲 足 足 足							

矯手頓足 : 손을 들고 발을 굴리며 흥겹게 춤을 추다.

悅	뜻과 음	기쁠		열					
	쓰는 순서	忄 忄 忄 忱 悅							
豫	뜻과 음	미리		예					
	쓰는 순서	マ 予 豫 豫 豫							
且	뜻과 음	또		차					
	쓰는 순서	丨 冂 日 且 且							
康	뜻과 음	편안할		강					
	쓰는 순서	广 户 庚 康 康							

悅豫且康 : 즐겁고 태평하니 마음 또한 편안하다.

76

嫡	뜻과 음	정실	적					
	쓰는 순서	女 女' 女商 嫡 嫡						
後	뜻과 음	뒤	후					
	쓰는 순서	彳 彳 彳半 後 後						
嗣	뜻과 음	이을	사					
	쓰는 순서	口 吊 咼 嗣 嗣						
續	뜻과 음	잇닿을	속					
	쓰는 순서	幺 糸 紣 續 續						

嫡後嗣續 : 적실인 본처에서 낳은 장남이 대를 잇는다.

祭	뜻과 음	제사	제					
	쓰는 순서	ク 夕` 奴 祭 祭						
祀	뜻과 음	제사	사					
	쓰는 순서	示 示 衤 祀 祀						
蒸	뜻과 음	찔	증					
	쓰는 순서	艹 芐 芴 蒸 蒸						
嘗	뜻과 음	맛볼	상					
	쓰는 순서	严 严 赏 嘗 嘗						

祭祀蒸嘗 : 조상에게 올리는 제사를 겨울에는 증, 가을에는 상이라한다.

稽	뜻과 음	조아릴	계					
	쓰는 순서	千 禾 私 稚 稽						
顙	뜻과 음	이마	상					
	쓰는 순서	叒 桑 顙 顙 顙						
再	뜻과 음	두	재					
	쓰는 순서	一 丌 月 再 再						
拜	뜻과 음	절	배					
	쓰는 순서	三 手 拜 拜 拜						

稽顙再拜 : 조상에게 하는 절은 이마가 땅에 닿을 정도로 두 번 한다.

悚	뜻과 음	두려울	송					
	쓰는 순서	⺀ 忄 忄ᄀ 忴 悚						
懼	뜻과 음	두려울	구					
	쓰는 순서	忄 忄ᄈ 忄ᄈ 懼 懼						
恐	뜻과 음	두려울	공					
	쓰는 순서	丁 卫 巩 恐 恐						
惶	뜻과 음	두려울	황					
	쓰는 순서	⺀ 忄 忄 惶 惶						

悚懼恐惶 : 송구스럽고 공황하니 엄숙하고 공경함이 지극하다.

牋	뜻과 음	편지	전					
	쓰는 순서	丿 片 戕 戕 牋						
牒	뜻과 음	편지	첩					
	쓰는 순서	片 片 牌 牌 牒						
簡	뜻과 음	편지	간					
	쓰는 순서	⺮ 笡 簡 簡 簡						
要	뜻과 음	중요할	요					
	쓰는 순서	一 襾 覀 要 要						

牋牒簡要 : 글과 편지는 간략하고 명료하게 써야 한다.

顧	뜻과 음	돌아볼	고					
	쓰는 순서	尸 雇 顧 顧 顧						
答	뜻과 음	대답할	답					
	쓰는 순서	⺀ 竹 筌 筌 答						
審	뜻과 음	살필	심					
	쓰는 순서	宀 宲 宷 審 審						
詳	뜻과 음	자세할	상					
	쓰는 순서	言 言 訃 詳 詳						

顧答審詳 : 편지의 답장은 신중하게 살펴 써야 한다.

骸	뜻과 음	뼈	해					
	쓰는 순서	冂 骨 骨 骸 骸 骸						
垢	뜻과 음	때	구					
	쓰는 순서	十 圤 圻 垢 垢						
想	뜻과 음	생각할	상					
	쓰는 순서	十 木 相 相 想						
浴	뜻과 음	목욕	욕					
	쓰는 순서	氵 汀 浴 浴 浴						

骸垢想浴 : 몸에 때가 있으면 목욕할 것을 생각한다.

執	뜻과 음	잡을	집					
	쓰는 순서	土 坴 幸 剥 執						
熱	뜻과 음	더울	열					
	쓰는 순서	圥 坴 剥 執 熱						
願	뜻과 음	원할	원					
	쓰는 순서	厂 原 原 願 願						
凉	뜻과 음	서늘할	량					
	쓰는 순서	冫 广 冸 涼 凉						

執熱願凉 : 뜨거운 것을 접하면 서늘한 것을 찾는다.

驢	뜻과 음	나귀	려					
	쓰는 순서	馬 馬 馿 驢 驢						
騾	뜻과 음	노새	라					
	쓰는 순서	馬 馬 騍 騾 騾						
犢	뜻과 음	송아지	독					
	쓰는 순서	牛 牜 犆 犢 犢						
特	뜻과 음	소, 특별할	특					
	쓰는 순서	스 牛 牜 特 特						

驢騾犢特 : 가축은 나귀와 노새, 송아지, 소 등을 말한다.

駭	뜻과 음	놀랄	해				
	쓰는 순서	馬 馬 馿 駭 駭					
躍	뜻과 음	뛸	약				
	쓰는 순서	口 묘 跻 躍 躍					
超	뜻과 음	뛰어넘을	초				
	쓰는 순서	十 走 走 起 超					
驤	뜻과 음	달릴	양				
	쓰는 순서	馬 馬 馿 驤 驤					

駭躍超驤 : 가축들은 놀라 뛰기도 하고 달리며 논다.

誅	뜻과 음	벨	주				
	쓰는 순서	二 言 討 許 誅					
斬	뜻과 음	벨	참				
	쓰는 순서	厂 亘 車 斬 斬					
賊	뜻과 음	도둑	적				
	쓰는 순서	目 財 財 賊 賊					
盜	뜻과 음	도둑	도				
	쓰는 순서	氵 汐 次 盜 盜					

誅斬賊盜 : 역적과 도적을 베어 처벌하다.

捕	뜻과 음	잡을	포				
	쓰는 순서	十 扌 折 捐 捕					
獲	뜻과 음	얻을	획				
	쓰는 순서	犭 犷 猫 獲 獲					
叛	뜻과 음	배반할	반				
	쓰는 순서	二 半 叛 叛 叛					
亡	뜻과 음	망할	망				
	쓰는 순서	丶 亠 亡					

捕獲叛亡 : 배반하고 도망하는 자를 잡아 엄벌하다.

布	뜻과 음	베	포					
	쓰는 순서	一 ナ 才 布 布						
射	뜻과 음	쏠	사					
	쓰는 순서	丬 身 身 身 射						
遼	뜻과 음	멀	요					
	쓰는 순서	大 杂 尞 尞 遼						
丸	뜻과 음	탄환	환					
	쓰는 순서	丿 九 丸						

布射遼丸 : 한나라 여포는 활을 잘 쏘았고, 의료는 탄자를 잘 던졌다.

嵇	뜻과 음	메	혜					
	쓰는 순서	二 禾 和 秋 嵇						
琴	뜻과 음	거문고	금					
	쓰는 순서	王 珏 琴 琴 琴						
阮	뜻과 음	성	완					
	쓰는 순서	阝 阝 阮 阮 阮						
嘯	뜻과 음	휘파람	소					
	쓰는 순서	口 咞 咞 嘯 嘯						

嵇琴阮嘯 : 위나라 혜강은 거문고를 잘 타고, 완적은 휘파람을 잘 불었다.

恬	뜻과 음	편안할	염					
	쓰는 순서	丷 忄 忙 恬 恬						
筆	뜻과 음	붓	필					
	쓰는 순서	灬 竺 筆 筆 筆						
倫	뜻과 음	인륜	윤					
	쓰는 순서	亻 仆 伶 倫 倫						
紙	뜻과 음	종이	지					
	쓰는 순서	幺 糸 紅 紙 紙						

恬筆倫紙 : 진나라 몽염은 처음으로 붓을, 후한의 채륜은 종이를 만들었다.

鈞	뜻과 음	무거울	균					
	쓰는 순서	스 金 釣 釣 鈞						
巧	뜻과 음	공교로울	교					
	쓰는 순서	一 丁 工 巧						
任	뜻과 음	맡길	임					
	쓰는 순서	亻 亻 仁 任 任						
釣	뜻과 음	낚시	조					
	쓰는 순서	丿 仝 金 釣 釣						

釣巧任釣 : 한나라 마균은 지남거를, 전국시대 임공자는 낚시를 만들었다.

釋	뜻과 음	풀	석					
	쓰는 순서	爫 平 釆 釋 釋						
紛	뜻과 음	어지러울	분					
	쓰는 순서	幺 糸 糹 紛 紛						
利	뜻과 음	이로울	리					
	쓰는 순서	二 千 禾 利 利						
俗	뜻과 음	풍속	속					
	쓰는 순서	亻 亻 伀 俗 俗						

釋紛利俗 : 앞의 여덟 사람은 어지러움을 풀어 세상을 이롭게 했다.

並	뜻과 음	아우를	병					
	쓰는 순서	丷 並 並 並 並						
皆	뜻과 음	다	개					
	쓰는 순서	卜 上 比 皆 皆						
佳	뜻과 음	아름다울	가					
	쓰는 순서	亻 亻 仹 佳 佳						
妙	뜻과 음	묘할	묘					
	쓰는 순서	乄 女 妕 妙 妙						

並皆佳妙 : 모두가 다 아름답고 묘한 재주를 가진 사람이었다.

| 毛 | 뜻과 음 | 틸 모 |
| | 쓰는 순서 | ´ ´ ⌐ 毛 |

| 施 | 뜻과 음 | 베풀 시 |
| | 쓰는 순서 | ˊ 方 扩 茄 施 |

| 淑 | 뜻과 음 | 맑을 숙 |
| | 쓰는 순서 | ˋ ˊ 汁 沫 淑 |

| 姿 | 뜻과 음 | 맵시 자 |
| | 쓰는 순서 | ˊ ˊ 次 次 姿 姿 |

毛施淑姿 : 오나라 모타와 월의 서시는 모두 절세의 미인이었다.

| 工 | 뜻과 음 | 장인 공 |
| | 쓰는 순서 | ˉ 丁 工 |

| 頻 | 뜻과 음 | 찡그릴, 자주 빈 |
| | 쓰는 순서 | ˋ 步 步 頻 頻 |

| 姸 | 뜻과 음 | 고울 연 |
| | 쓰는 순서 | ˇ 女 好 妍 妍 |

| 笑 | 뜻과 음 | 웃음 소 |
| | 쓰는 순서 | ˊ ˊ 竹 竺 竿 笑 |

工頻姸笑 : 찡그려도 예뻐서 흉내낼 수 없고 웃음은 말로 표현할 수 없었다.

| 年 | 뜻과 음 | 해 년 |
| | 쓰는 순서 | ˊ ˊ ⌐ ⌐ 年 |

| 矢 | 뜻과 음 | 화살 시 |
| | 쓰는 순서 | ˊ ˊ ⌐ 矢 矢 |

| 每 | 뜻과 음 | 매양 매 |
| | 쓰는 순서 | ˊ ⌐ 句 每 每 |

| 催 | 뜻과 음 | 재촉할 최 |
| | 쓰는 순서 | ˊ 仳 忙 俳 催 |

年矢每催 : 세월은 화살처럼 빨리 흘러간다.

義	뜻과 음	복희씨							
	쓰는 순서	⺷ ⺶ 莠 義 義							
暉	뜻과 음	빛날	휘						
	쓰는 순서	⺆ 日 昒 暉 暉							
朗	뜻과 음	밝을	랑						
	쓰는 순서	⻌ 良 郎 朗 朗							
曜	뜻과 음	빛날	요						
	쓰는 순서	日 旺 旺 瞱 曜							

義暉朗曜 : 빛은 온 세상을 비추어 만물에 혜택을 준다.

旋	뜻과 음	구슬	선						
	쓰는 순서	⼀ 方 放 旋 旋							
璣	뜻과 음	구슬	기						
	쓰는 순서	王 璐 璐 璣 璣							
懸	뜻과 음	매달	현						
	쓰는 순서	日 県 県 縣 懸							
幹	뜻과 음	돌	알						
	쓰는 순서	⼗ 卓 乾 乾 幹							

旋璣懸幹 : 구슬로 만든 호천의가 높은 곳에 매달려 돌고 있다.

晦	뜻과 음	그믐	회						
	쓰는 순서	日 旷 晦 晦 晦							
魄	뜻과 음	넋	백						
	쓰는 순서	白 的 的 魄 魄							
環	뜻과 음	고리	환						
	쓰는 순서	王 珋 環 環 環							
照	뜻과 음	비칠	조						
	쓰는 순서	⺆ 日 旦 昭 照 照							

晦柏環照 : 달은 그믐이 되면 빛이 없어졌다가 다시 보름이 되면 밝아진다.

指	뜻과음	손가락	지					
	쓰는 순서	十 扌 扩 拍 指 指						
薪	뜻과음	섶나무	신					
	쓰는 순서	艹 荺 荺 薪 薪						
修	뜻과음	닦을	수					
	쓰는 순서	亻 仴 俻 修 修						
祐	뜻과음	도울	우					
	쓰는 순서	二 示 示 祐 祐						

指薪修祐 : 불타는 나무와 같은 열정으로 수도를 하면 복을 얻는다.

永	뜻과음	길	영					
	쓰는 순서	丶 丁 打 永 永						
綏	뜻과음	편안할	수					
	쓰는 순서	幺 糸 紒 綏 綏						
吉	뜻과음	길할	길					
	쓰는 순서	十 士 吉 吉 吉						
邵	뜻과음	높을	소					
	쓰는 순서	ㄱ 刀 召 邵 邵						

永綏吉邵 : 영원하도록 편안하고 길함이 높다.

矩	뜻과음	법	구					
	쓰는 순서	二 矢 矨 矩 矩						
步	뜻과음	걸음	보					
	쓰는 순서	卜 止 兯 步 步						
引	뜻과음	끌	인					
	쓰는 순서	ㄱ ㄱ 弓 引						
領	뜻과음	거느릴	령					
	쓰는 순서	亽 乎 領 領 領						

矩步引領 : 바르게 걷고 행실도 바르니 당당하다.

俯	뜻과 음	구부릴	부					
	쓰는 순서	亻 广 俨 俯 俯						
仰	뜻과 음	우러를	앙					
	쓰는 순서	亻 亻 亻 仰 仰						
廊	뜻과 음	복도	랑					
	쓰는 순서	广 庐 庐 廊 廊						
廟	뜻과 음	사당	묘					
	쓰는 순서	广 庐 庫 廟 廟						

俯仰廊廟 : 항상 낭묘에 있듯 머리숙여 예를 다하라.

束	뜻과 음	묶을	속					
	쓰는 순서	一 口 束 束 束						
帶	뜻과 음	띠	대					
	쓰는 순서	卅 卅 帶 帶 帶						
矜	뜻과 음	자랑	긍					
	쓰는 순서	子 矛 矜 矜 矜						
莊	뜻과 음	장중할	장					
	쓰는 순서	艹 壮 壯 莊 莊						

束帶矜莊 : 의복을 단정하게 입음으로써 긍지 또한 높다.

徘	뜻과 음	거닐	배					
	쓰는 순서	彳 彴 彿 徘 徘						
徊	뜻과 음	노닐	회					
	쓰는 순서	彳 彴 徊 徊 徊						
瞻	뜻과 음	쳐다볼	첨					
	쓰는 순서	目 旷 旷 瞻 瞻						
眺	뜻과 음	바라볼	조					
	쓰는 순서	目 目 眇 眺 眺						

俳徊瞻眺 : 이리 저리 배회하며 바라보는 것도 예의를 지켜야 한다.

孤	뜻과 음	외로울	고					
	쓰는 순서	了 孑 孖 抓 孤						
陋	뜻과 음	더러울	루					
	쓰는 순서	丨 阝 阿 陋 陋						
寡	뜻과 음	적을	과					
	쓰는 순서	宀 宀 宣 寘 寡						
聞	뜻과 음	들을	문					
	쓰는 순서	丨 卩 門 門 聞						

孤陋寡聞 : 외롭고 고루해서 식견도 재능도 없다.

愚	뜻과 음	어리석을	우					
	쓰는 순서	日 咼 禺 愚 愚						
蒙	뜻과 음	어릴	몽					
	쓰는 순서	艹 芢 夢 蒙 蒙						
等	뜻과 음	무리	등					
	쓰는 순서	竹 竺 笁 等 等						
誚	뜻과 음	꾸짖을	초					
	쓰는 순서	言 言 訐 誚 誚						

愚蒙等誚 : 어리석고 몽매해서 모두에게서 책망을 듣게 될 것이다.

謂	뜻과 음	이를	위					
	쓰는 순서	言 言 訂 調 謂						
語	뜻과 음	말씀	어					
	쓰는 순서	言 言 訂 語 語						
助	뜻과 음	도울	조					
	쓰는 순서	刂 月 且 助 助						
者	뜻과 음	사람	자					
	쓰는 순서	十 耂 耂 者 者						

謂語助者 : 어조사라 함은 한문의 조사로 다음과 같은 글자다.

焉	**뜻과 음** 어찌 언				
	쓰는 순서 丁 匡 焉 焉 焉				
哉	**뜻과 음** 어조사 재				
	쓰는 순서 十 吉 扗 哉 哉				
乎	**뜻과 음** 어조사 호				
	쓰는 순서 一 ィ ㄴ 乎 乎				
也	**뜻과 음** 어조사 야				
	쓰는 순서 丁 也 也				

焉哉乎也 : 많은 어조사 중에 언, 재, 호, 야는 특히 많이 쓰인다.

天地玄黃
宇宙洪荒
日月盈昃
辰宿列張
寒來暑往
秋收冬藏
閏餘成歲
律呂調陽

雲騰致雨
露結爲霜
金生麗水
玉出崑岡
劍號巨闕
珠稱夜光
果珍李柰
菜重芥薑

淡翔帝皇字裳國唐
河羽火人文衣讓陶
鹹潛師官制服位虞
海鱗龍鳥始乃推有

罪湯道章首羌體王
伐殷問平黎戎壹歸
民發朝拱育伏邇賓
弔周坐垂愛臣遐率

樹場木方髮常養傷
在食草萬身五鞠毀
鳳駒被及此大惟敢
鳴白化賴蓋四恭豈

女慕貞絜
男效才良
知過必改
得能莫忘
罔談彼短
靡恃己長
信使可覆
器欲難量

染羊賢聖立正聲聽

絲羔維作名表傳習

悲讚行念建端谷堂

墨詩景克德形空虛

積慶寶競君敬力命

惡善非是事與竭盡

因緣璧陰父嚴當則

禍福尺寸資曰孝忠

臨深履薄
夙興溫清
似蘭斯馨
如松之盛
川流不息
淵澄取暎
容止若思
言辭安定

美令基竟仕政棠詠
誠宜所無登從甘益
初終業甚優職以而
篤愼榮籍學攝存去

賤貴殊樂
卑尊別禮
睦下和上
隨婦唱夫
訓傅受外
儀母奉入
叔伯姑諸
兒比子猶

弟枝分規惻離退虧

兄連投箴隱弗廉匪

懷氣友磨慈次義沛

孔同交切仁造節顛

逸疲滿移操縻夏京
情神志意雅自華二
靜動眞物持爵邑西
性心守逐堅好都東

背邙面洛
浮渭據涇
宮殿盤鬱
樓觀飛驚
圖寫禽獸
畫采仙靈
丙舍傍啓
甲帳對楹

席笙陛星內明典英
設吹納疑廣承墳群
筵瑟階轉通達集聚
肆鼓陞弁右左旣亦

隸鍾稿杜
經壁書漆
相將羅府
卿槐夾路
縣八封戶
兵千給家
輦陪冠高
纓振轂驅

世　祿　侈　富
車　駕　肥　輕
策　功　茂　實
勒　碑　刻　銘
磻　溪　伊　尹
佐　時　阿　衡
奄　宅　曲　阜
微　旦　孰　營

合傾惠丁勿寧霸橫
匡扶漢武密寔更困
公弱回感乂士楚魏
桓濟綺說俊多晉趙

虢盟法刑牧精漠青
滅會約煩頗最沙丹
途土遵弊剪軍威譽
假踐何韓起用宣馳

跡弁岱亭塞城石庭

禹秦恒云紫赤碣洞

州郡宗主門田池野

九百嶽禪雁鷄昆鉅

曠遠綿邈
巖岫杳冥
治本於農
務茲稼穡
俶載南畝
我藝黍稷
稅熟貢新
勸賞黜陟

素直庸勑理色獻植

敦秉中謹察辨嘉祇

軻魚幾謙音貌厥其

孟史庶勞聆鑑貽勉

誡極恥卽機逼處寥

譏抗近幸見誰閑寂

躬增辱皐疏組居默

省寵殆林兩解索沈

論遙遣感歷條翠凋
尋逍累招的抽晚早
古慮奏歡荷莽杷桐
求散欣謝渠園枇梧

陳　根　委　翳
落　葉　飄　颻
游　鯤　獨　運
凌　摩　絳　霄
耽　讀　翫　市
寓　目　囊　箱
易　輶　攸　畏
屬　耳　垣　牆

具膳飧飯
適口充腸
飽飫烹宰
饑厭糟糠
親戚故舊
老少異糧
妾御績紡
侍巾帷房

潔　圓　扇　紈
煌　煒　燭　銀
寐　夕　眠　晝
牀　象　筍　藍
讌　酒　歌　弦
觴　擧　杯　接
足　頓　手　矯
康　且　豫　悅

嫡　後　嗣　續
祭　祀　蒸　嘗
稽　顙　再　拜
悚　懼　恐　惶
牋　牒　簡　要
顧　答　審　詳
骸　垢　想　浴
執　熱　願　涼

特　犢　驟　驢
驤　超　躍　駭
盜　賊　斬　誅
亡　叛　獲　捕
丸　僚　射　布
秕　嘯　阮　琴
紙　倫　筆　恬
鈞　任　巧　鈞

釋紛利俗
竝皆佳妙
毛施淑姿
工頻妍笑
年矢每催
曦暉朗耀
璇璣懸幹
晦魄環照

祐邵領廟莊眺聞誚

修吉引廊矜瞻寡等

薪綏步仰帶徊陋蒙

指永矩俯束徘孤愚

者也　助乎　語哉　謂焉

부 록

자의(字義) 및 어의(語義)의 변화

1. 같은 뜻을 가진 글자 끼리 모여서 된 말 (類義結合語)

2. 반대의 뜻을 가진 글자를 합친 말 (反義結合語)

3. 서로 상대 되는 말 (相對語)

4. 같은 뜻과 비슷한 뜻을 가진 말 (同義語, 類義語)

5. 음은 같으나 뜻이 다른 말 (同音異義語)

1. 같은 뜻을 가진 글자로 이루어진 말 (類義結合語)

歌(노래 가) - 謠(노래 요)

家(집 가) - 屋(집 옥)

覺(깨달을 각) - 悟(깨달을 오)

間(사이 간) - 隔(사이뜰 격)

居(살 거) - 住(살 주)

揭(높이들 게) - 揚(올릴 양)

堅(굳을 견) - 固(굳을 고)

雇(품팔 고) - 傭(품팔이 용)

攻(칠 공) - 擊(칠 격)

恭(공손할 공) - 敬(공경할 경)

恐(두려울 공) - 怖(두려울 포)

空(빌 공) - 虛(빌 허)

貢(바칠 공) - 獻(드릴 헌)

過(지날 과) - 去(갈 거)

具(갖출 구) - 備(갖출 비)

飢(주릴 기) - 餓(주릴 아)

技(재주 기) - 藝(재주 예)

敦(도타울 돈) - 篤(도타울 독)

勉(힘쓸 면) - 勵(힘쓸 려)

滅(멸망할 멸) - 亡(망할 망)

毛(털 모) - 髮(터럭 발)

茂(우거질 무) - 盛(성할 성)

返(돌이킬 반) - 還(돌아올 환)

法(법 법) - 典(법 전)

附(붙을 부) - 屬(붙을 속)

扶(도울 부) - 助(도울 조)

墳(무덤 분) - 墓(무덤 묘)

批(비평할 비) - 評(평론할 평)

舍(집 사) - 宅(집 택)

釋(풀 석) - 放(놓을 방)

選(가릴 선) - 擇(가릴 택)

洗(씻을 세) - 濯(빨 탁)

樹(나무 수) - 木(나무 목)

始(처음 시) - 初(처음 초)

身(몸 신) - 體(몸 체)

尋(찾을 심) - 訪(찾을 방)

哀(슬플 애) - 悼(슬퍼할 도)

念(생각할 염) - 慮(생각할 려)

要(구할 요) - 求(구할 구)

憂(근심 우) - 愁(근심 수)

怨(원망할 원) - 恨(한할 한)

隆(성할 융) - 盛(성할 성)

恩(은혜 은) - 惠(은혜 혜)

衣(옷 의) - 服(옷 복)

災(재앙 재) - 禍(재앙 화)

貯(쌓을 저) - 蓄(쌓을 축)

淨(깨끗할 정) - 潔(깨끗할 결)

精(정성 정) - 誠(정성 성)

製(지을 제) - 作(지을 작)

製(지을 제) - 造(지을 조)

終(마칠 종) - 了(마칠 료)

住(살 주) - 居(살 거)

俊(뛰어날 준) - 秀(빼어날 수)

中(가운데 중) - 央(가운데 앙)

知(알 지) - 識(알 식)

珍(보배 진) - 寶(보배 보)

進(나아갈 진) - 就(나아갈 취)

質(물을 질) - 問(물을 문)

倉(곳집 창) - 庫(곳집 고)

菜(나물 채) - 蔬(나물 소)

尺(자 척) - 度(자 도)

淸(맑을 청) - 潔(깨끗할 결)

聽(들을 청) - 聞(들을 문)

淸(맑을 청) - 淨(맑을 정)

打(칠 타) - 擊(칠 격)

討(칠 토) - 伐(칠 벌)

鬪(싸움 투) - 爭(다툴 쟁)

畢(마칠 필) - 竟(마침내 경)

寒(찰 한) - 冷(찰 냉)

恒(항상 항) - 常(항상 상)

和(화할 화) - 睦(화목할 목)

歡(기쁠 환) - 喜(기쁠 희)

皇(임금 황) – 帝(임금 제)　　希(바랄 희) – 望(바랄 망)

2. 반대의 뜻을 가진 글자로 이루어진 말 (反義結合語)

加(더할 가) ↔ 減(덜 감)　　來(올 래) ↔ 往(갈 왕)　　始(비로소 시) ↔ 終(마칠 종)

可(옳을 가) ↔ 否(아닐 부)　　冷(찰 랭) ↔ 溫(따뜻할 온)　　始(비로소 시) ↔ 末(끝 말)

干(방패 간) ↔ 戈(창 과)　　矛(창 모) ↔ 盾(방패 순)　　新(새 신) ↔ 舊(옛 구)

强(강할 강) ↔ 弱(약할 약)　　問(물을 문) ↔ 答(답할 답)　　伸(펼 신) ↔ 縮(오그라들 축)

開(열 개) ↔ 閉(닫을 폐)　　賣(팔 매) ↔ 買(살 매)　　深(깊을 심) ↔ 淺(얕을 천)

去(갈 거) ↔ 來(올 래)　　明(밝을 명) ↔ 暗(어두울 암)　　安(편안할 안) ↔ 危(위태할 위)

輕(가벼울 경) ↔ 重(무거울 중)　　美(아름다울 미) ↔ 醜(추할 추)　　愛(사랑 애) ↔ 憎(미워할 증)

慶(경사 경) ↔ 弔(조상할 조)　　腹(배 복) ↔ 背(등 배)　　哀(슬플 애) ↔ 歡(기뻐할 환)

經(날 경) ↔ 緯(씨 위)　　夫(지아비 부) ↔ 妻(아내 처)　　抑(누를 억) ↔ 揚(들날릴 양)

乾(하늘 건) ↔ 坤(땅 곤)　　浮(뜰 부) ↔ 沈(잠길 침)　　榮(영화 영) ↔ 辱(욕될 욕)

姑(시어미 고) ↔ 婦(며느리 부)　　貧(가난할 빈) ↔ 富(넉넉할 부)　　緩(느릴 완) ↔ 急(급할 급)

苦(괴로울 고) ↔ 樂(즐거울 락)　　死(죽을 사) ↔ 活(살 활)　　往(갈 왕) ↔ 復(돌아올 복)

高(높을 고) ↔ 低(낮을 저)　　盛(성할 성) ↔ 衰(쇠잔할 쇠)　　優(넉넉할 우) ↔ 劣(용렬할 렬)

功(공 공) ↔ 過(허물 과)　　成(이룰 성) ↔ 敗(패할 패)　　恩(은혜 은) ↔ 怨(원망할 원)

攻(칠 공) ↔ 防(막을 방)　　善(착할 선) ↔ 惡(악할 악)　　陰(그늘 음) ↔ 陽(볕 양)

近(가까울 근) ↔ 遠(멀 원)　　損(덜 손) ↔ 益(더할 익)　　離(떠날 리) ↔ 合(합할 합)

吉(길할 길) ↔ 凶(흉할 흉)　　送(보낼 송) ↔ 迎(맞을 영)　　隱(숨을 은) ↔ 現(나타날 현)

難(어려울 난) ↔ 易(쉬울 이)　　疎(드물 소) ↔ 密(빽빽할 밀)　　任(맡길 임) ↔ 免(면할 면)

濃(짙을 농) ↔ 淡(엷을 담)　　需(쓸 수) ↔ 給(줄 급)　　雌(암컷 자) ↔ 雄(수컷 웅)

斷(끊을 단) ↔ 續(이을 속)　　首(머리 수) ↔ 尾(꼬리 미)　　무(이를 조) ↔ 晩(늦을 만)

當(마땅 당) ↔ 落(떨어질 락)　　受(받을 수) ↔ 授(줄 수)　　朝(아침 조) ↔ 夕(저녁 석)

貸(빌릴 대) ↔ 借(빌려줄 차)　　昇(오를 승) ↔ 降(내릴 강)　　尊(높을 존) ↔ 卑(낮을 비)

得(얻을 득) ↔ 失(잃을 실)　　勝(이길 승) ↔ 敗(패할 패)　　主(주인 주) ↔ 從(따를 종)

眞(참 진) ↔ 僞(거짓 위) 出(날 출) ↔ 納(들일 납) 虛(빌 허) ↔ 實(열매 실)

增(더할 증) ↔ 減(덜 감) 親(친할 친) ↔ 疎(성길 소) 厚(두터울 후) ↔ 薄(엷을 박)

集(모을 집) ↔ 散(흩을 산) 表(겉 표) ↔ 裏(속 리) 喜(기쁠 희) ↔ 悲(슬플 비)

添(더할 첨) ↔ 削(깎을 삭) 寒(찰 한) ↔ 暖(따뜻할 난)

淸(맑을 청) ↔ 濁(흐릴 탁) 禍(재화 화) ↔ 福(복 복)

3. 서로 상반 되는 말 (相對語)

可決(가결) ↔ 否決(부결) 儉約(검약) ↔ 浪費(낭비) 急性(급성) ↔ 慢性(만성)

架空(가공) ↔ 實際(실제) 輕減(경감) ↔ 加重(가중) 急行(급행) ↔ 緩行(완행)

假象(가상) ↔ 實在(실재) 經度(경도) ↔ 緯度(위도) 肯定(긍정) ↔ 否定(부정)

加熱(가열) ↔ 冷却(냉각) 輕率(경솔) ↔ 愼重(신중) 旣決(기결) ↔ 未決(미결)

干涉(간섭) ↔ 放任(방임) 輕視(경시) ↔ 重視(중시) 奇拔(기발) ↔ 平凡(평범)

減少(감소) ↔ 增加(증가) 高雅(고아) ↔ 卑俗(비속) 飢餓(기아) ↔ 飽食(포식)

感情(감정) ↔ 理性(이성) 固定(고정) ↔ 流動(유동) 吉兆(길조) ↔ 凶兆(흉조)

剛健(강건) ↔ 柔弱(유약) 高調(고조) ↔ 低調(저조) 樂觀(낙관) ↔ 悲觀(비관)

强硬(강경) ↔ 柔和(유화) 供給(공급) ↔ 需要(수요) 落第(낙제) ↔ 及第(급제)

開放(개방) ↔ 閉鎖(폐쇄) 空想(공상) ↔ 現實(현실) 樂天(낙천) ↔ 厭世(염세)

個別(개별) ↔ 全體(전체) 過激(과격) ↔ 穩健(온건) 暖流(난류) ↔ 寒流(한류)

客觀(객관) ↔ 主觀(주관) 官尊(관존) ↔ 民卑(민비) 濫用(남용) ↔ 節約(절약)

客體(객체) ↔ 主體(주체) 光明(광명) ↔ 暗黑(암흑) 朗讀(낭독) ↔ 默讀(묵독)

巨大(거대) ↔ 微少(미소) 巧妙(교묘) ↔ 拙劣(졸렬) 內容(내용) ↔ 形式(형식)

巨富(거부) ↔ 極貧(극빈) 拘禁(구금) ↔ 釋放(석방) 老練(노련) ↔ 未熟(미숙)

拒絕(거절) ↔ 承諾(승락) 拘束(구속) ↔ 放免(방면) 濃厚(농후) ↔ 稀薄(희박)

建設(건설) ↔ 破壞(파괴) 求心(구심) ↔ 遠心(원심) 能動(능동) ↔ 被動(피동)

乾燥(건조) ↔ 濕潤(습윤) 屈服(굴복) ↔ 抵抗(저항) 多元(다원) ↔ 一元(일원)

傑作(걸작) ↔ 拙作(졸작) 權利(권리) ↔ 義務(의무) 單純(단순) ↔ 複雜(복잡)

單式(단식) ↔ 複式(복식)

短縮(단축) ↔ 延長(연장)

大乘(대승) ↔ 小乘(소승)

對話(대화) ↔ 獨白(독백)

都心(도심) ↔ 郊外(교외)

獨創(독창) ↔ 模倣(모방)

滅亡(멸망) ↔ 興隆(흥륭)

名譽(명예) ↔ 恥辱(치욕)

無能(무능) ↔ 有能(유능)

物質(물질) ↔ 精神(정신)

密集(밀집) ↔ 散在(산재)

反抗(반항) ↔ 服從(복종)

放心(방심) ↔ 操心(조심)

背恩(배은) ↔ 報恩(보은)

凡人(범인) ↔ 超人(초인)

別居(별거) ↔ 同居(동거)

保守(보수) ↔ 進步(진보)

本業(본업) ↔ 副業(부업)

富裕(부유) ↔ 貧窮(빈궁)

不實(부실) ↔ 充實(충실)

敷衍(부연) ↔ 省略(생략)

否認(부인) ↔ 是認(시인)

分析(분석) ↔ 綜合(종합)

紛爭(분쟁) ↔ 和解(화해)

不運(불운) ↔ 幸運(행운)

非番(비번) ↔ 當番(당번)

非凡(비범) ↔ 平凡(평범)

悲哀(비애) ↔ 歡喜(환희)

死後(사후) ↔ 生前(생전)

削減(삭감) ↔ 添加(첨가)

散文(산문) ↔ 韻文(운문)

相剋(상극) ↔ 相生(상생)

常例(상례) ↔ 特例(특례)

喪失(상실) ↔ 獲得(획득)

詳述(상술) ↔ 略述(약술)

生食(생식) ↔ 火食(화식)

先天(선천) ↔ 後天(후천)

成熟(성숙) ↔ 未熟(미숙)

消極(소극) ↔ 積極(적극)

所得(소득) ↔ 損失(손실)

疎遠(소원) ↔ 親近(친근)

淑女(숙녀) ↔ 紳士(신사)

順行(순행) ↔ 逆行(역행)

靈魂(영혼) ↔ 肉體(육체)

憂鬱(우울) ↔ 明朗(명랑)

連敗(연패) ↔ 連勝(연승)

偶然(우연) ↔ 必然(필연)

恩惠(은혜) ↔ 怨恨(원한)

依他(의타) ↔ 自立(자립)

人爲(인위) ↔ 自然(자연)

立體(입체) ↔ 平面(평면)

入港(입항) ↔ 出港(출항)

自動(자동) ↔ 手動(수동)

自律(자율) ↔ 他律(타율)

自意(자의) ↔ 他意(타의)

敵對(적대) ↔ 友好(우호)

絕對(절대) ↔ 相對(상대)

漸進(점진) ↔ 急進(급진)

靜肅(정숙) ↔ 騷亂(소란)

正午(정오) ↔ 子正(자정)

定着(정착) ↔ 漂流(표류)

弔客(조객) ↔ 賀客(하객)

直系(직계) ↔ 傍系(방계)

眞實(진실) ↔ 虛僞(허위)

質疑(질의) ↔ 應答(응답)

斬新(참신) ↔ 陣腐(진부)

縮小(축소) ↔ 擴大(확대)

快樂(쾌락) ↔ 苦痛(고통)

快勝(쾌승) ↔ 慘敗(참패)

好況(호황) ↔ 不況(불황)

退化(퇴화) ↔ 進化(진화)

敗北(패배) ↔ 勝利(승리)

虐待(학대) ↔ 優待(우대)

合法(합법) ↔ 違法(위법)

好材(호재) ↔ 惡材(악재)

好轉(호전) ↔ 逆轉(역전)

興奮(흥분) ↔ 鎭靜(진정)

4. 같은 뜻과 비슷한 뜻을 가진 말 (同義語, 類義語)

巨商(거상) — 大商(대상)
謙遜(겸손) — 謙虛(겸허)
共鳴(공명) — 首肯(수긍)
古刹(고찰) — 古寺(고사)
交涉(교섭) — 折衝(절충)
飢死(기사) — 餓死(아사)
落心(낙심) — 落膽(낙담)
妄想(망상) — 夢想(몽상)
謀陷(모함) — 中傷(중상)
矛盾(모순) — 撞着(당착)
背恩(배은) — 亡德(망덕)
寺院(사원) — 寺刹(사찰)
象徵(상징) — 表象(표상)
書簡(서간) — 書翰(서한)
視野(시야) — 眼界(안계)
淳朴(순박) — 素朴(소박)
始祖(시조) — 鼻祖(비조)
威脅(위협) — 脅迫(협박)
一豪(일호) — 秋豪(추호)
要請(요청) — 要求(요구)
精誠(정성) — 至誠(지성)
才能(재능) — 才幹(재간)
嫡出(적출) — 嫡子(적자)
朝廷(조정) — 政府(정부)

學費(학비) — 學資(학자)
土臺(토대) — 基礎(기초)
答書(답서) — 答狀(답장)
暝想(명상) — 思想(사상)
侮蔑(모멸) — 凌蔑(능멸)
莫論(막론) — 勿論(물론)
貿易(무역) — 交易(교역)
放浪(방랑) — 流浪(유랑)
符合(부합) — 一致(일치)
昭詳(소상) — 仔細(자세)
順從(순종) — 服從(복종)
兵營(병영) — 兵舍(병사)
上旬(상순) — 初旬(초순)
永眠(영면) — 別世(별세)
戰歿(전몰) — 戰死(전사)
周旋(주선) — 斡旋(알선)
弱點(약점) — 短點(단점)
類似(유사) — 恰似(흡사)
天地(천지) — 乾坤(건곤)
滯留(체류) — 滯在(체재)
招待(초대) — 招請(초청)
祭需(제수) — 祭物(제물)
造花(조화) — 假花(가화)
他鄕(타향) — 他官(타관)

海外(해외) — 異域(이역)
畢竟(필경) — 結局(결국)
戱弄(희롱) — 籠絡(농락)
寸土(촌토) — 尺土(척토)
煩悶(번민) — 煩惱(번뇌)
先考(선고) — 先親(선친)
同窓(동창) — 同門(동문)
目睹(목도) — 目擊(목격)
思考(사고) — 思惟(사유)
觀點(관점) — 見解(견해)
矜持(긍지) — 自負(자부)
丹靑(단청) — 彩色(채색)

5. 음은 같고 뜻이 다른 말 (同音異義語)

가계
  - 家系 : 한 집안의 계통.
  - 家計 : 살림살이.

가구
  - 家口 : 주거와 생계 단위.
  - 家具 : 살림에 쓰이는 세간.

가사
  - 歌詞 : 노랫말.
  - 歌辭 : 조선시대에 성행했던 시가(詩歌)의 형태.
  - 家事 : 집안 일.
  - 假死 : 죽음에 가까운 상태.
  - 袈裟 : 승려가 입는 승복.

가설
  - 假設 : 임시로 설치함.
  - 假說 : 가정해서 하는 말.

가장
  - 家長 : 집안의 어른.
  - 假裝 : 가면으로 꾸밈.
  - 假葬 : 임시로 만든 무덤.

감상
  - 感想 : 마음에 느끼어 일어나는 생각.
  - 鑑賞 : 예술 작품 따위를 이해하고 음미함.
  - 感傷 : 마음에 느껴 슬퍼함.

개량
  - 改良 : 고쳐서 좋게 함.
  - 改量 : 다시 측정함.

개정
  - 改定 : 고쳐서 다시 정함.
  - 改正 : 바르게 고침.
  - 改訂 : 고쳐서 정정함

결의
  - 決議 : 의안이나 의제 등의 가부를 회의에서 결정함.
  - 決意 : 뜻을 정하여 굳게 마음 먹음.
  - 結義 : 남남끼리 친족의 의리를 맺음.

127

경계 { 警戒 : 범죄나 사고 등이 일어나지 않도록 미리 조심함.
敬啓 : '삼가 말씀 드립니다'의 뜻.
境界 : 지역이 나누어지는 한계.

경기 { 競技 : 운동이나 무예 등의 기술, 능력을 겨루어 승부를 가림.
京畿 : 서울을 중심으로 한 가까운 지방.
景氣 : 기업을 중심으로 한 여러 가지 경제의 상태.

경비 { 警備 : 경계하고 지킴.
經費 : 일을 처리하는데 드는 비용.

경로 { 經路 : 일이 되어 가는 형편이나 순서.
敬老 : 노인을 공경함.

공론 { 公論 : 공평한 의론.
空論 : 쓸데없는 의론.

공약 { 公約 : 공중(公衆)에 대한 약속.
空約 : 헛된 약속.

과정 { 過程 : 일이 되어가는 경로.
課程 : 과업의 정도. 학년의 정도에 따른 과목.

교감 { 校監 : 학교장을 보좌하여 학교 업무를 감독하는 직책.
交感 : 서로 접촉하여 감응함.
矯監 : 교도관 계급의 하나.

교단 { 校壇 : 학교의 운동장에 만들어 놓은 단.
敎壇 : 교실에서 교사가 강의할 때 올라서는 단.
敎團 : 같은 교의(敎義)를 믿는 사람끼리 모여 만든 종교 단체.

교정 { 校訂 : 출판물의 잘못된 글자나 어구 따위를 바르게 고침.
校正 : 잘못된 글자를 대조하여 바로잡음.
校庭 : 학교 운동장.
矯正 : 좋지 않은 버릇이나 결점 따위를 바로 잡아 고침.

구전 { 口傳 : 입으로 전하여 짐. 말로 전해 내려옴.
口錢 : 흥정을 붙여주고 그 보수로 받는 돈.

구조	{	救助 : 위험한 상태에 있는 사람을 도와서 구원함.
		構造 : 어떤 물건이나 조직체 따위의 전체를 이루는 관계.

구호 { 救護 : 어려운 사람을 보호함.
口號 : 대중집회나 시위 등에서 어떤 주장이나 요구를 나타내는 짧은 문구.

귀중 { 貴中 : 편지를 받을 단체의 이름 뒤에 쓰이는 높임말.
貴重 : 매우 소중함.

금수 { 禽獸 : 날짐승과 길짐승.
禁輸 : 수출이나 수입을 금지함.
錦繡 : 수놓은 비단.

급수 { 給水 : 물을 공급함.
級數 : 기술의 우열을 가르는 등급.

기능 { 技能 : 기술상의 재능.
機能 : 작용, 또는 어떠한 기관의 활동 능력.

기사 { 技士 : 기술직의 이름.
棋士 : 바둑을 전문적으로 두는 사람.
騎士 : 말을 탄 무사.
記事 : 사실을 적음. 신문이나 잡지 등에 어떤 사실을 실어 알리는 일.
記寫 : 기록하여 씀.

기수 { 旗手 : 단체 행진 중에서 표시가 되는 깃발을 든 사람.
騎手 : 말을 타는 사람.
機首 : 비행기의 앞머리.

기원 { 紀元 : 역사상으로 연대를 계산할 때에 기준이 되는 첫 해. 나라를 세운 첫 해.
祈願 : 소원이 이루어지기를 빎.
起源 : 사물이 생긴 근원.
棋院 : 바둑을 두려는 사람에게 장소를 제공하는 업소.

노력 { 勞力 : 어떤 일을 하는데 드는 힘. 생산에 드는 인력(人力).
努力 : 어떤 일을 이루기 위하여 힘을 다하여 애씀.

노장
- 老壯 : 늙은이와 장년.
- 老莊 : 노자와 장자.
- 老將 : 늙은 장수. 오랜 경험으로 뛰어난 능력을 가진 사람.

녹음
- 綠陰 : 푸른 잎이 우거진 나무 그늘.
- 錄音 : 소리를 재생할 수 있도록 기계로 기록하는 일.

단절
- 斷絶 : 관계를 끊음.
- 斷切 : 꺾음. 부러뜨림.

단정
- 端整 : 깔끔하고 가지런함. 얼굴 모습이 반듯하고 아름다움.
- 斷情 : 정을 끊음.
- 斷定 : 분명한 태도로 결정함. 명확하게 판단을 내림.

단편
- 短篇 : 소설이나 영화 등에서 길이가 짧은 작품.
- 斷片 : 여럿으로 끊어진 조각.
- 斷編 : 조각조각 따로 떨어진 짧은 글.

동지
- 冬至 : 24절기의 하나.
- 同志 : 뜻을 같이 하는 일. 또는 그런 사람.

동정
- 動靜 : 움직임과 조용함.
- 童貞 : 이성과의 성적 관계가 아직 없는 순결성 또는 사람.
  가톨릭에서 '수도자'를 일컫는 말.
- 同情 : 남의 불행이나 슬픔 따위를 자기 일처럼 생각하여 가슴 아파함.

발전
- 發展 : 세력 따위가 널리 뻗어 나감.
- 發電 : 전기를 일으킴.

방문
- 訪問 : 남을 찾아봄.
- 房門 : 방으로 드나드는 문.

방화
- 防火 : 불이 나지 않도록 미리 단속함.
- 放火 : 일부러 불을 지름.
- 邦畵 : 우리 나라 영화.
- 邦貨 : 우리 나라 화폐.

보고
- 寶庫 : 귀중한 것이 갈무리되어 있는 곳.
- 報告 : 결과나 내용을 알림.

보도
- 步道 : 사람이 다니는 길.
- 報道 : 신문이나 방송으로 새 소식을 널리 알림.
- 寶刀 : 보배로운 칼.

부인
- 婦人 : 기혼 여자.
- 夫人 : 남의 아내를 높이어 이르는 말.
- 否認 : 인정하지 않음.

부정
- 否定 : 그렇지 않다고 단정함.
- 不正 : 바르지 못함.
- 不貞 : 여자가 정조를 지키지 않음.
- 不淨 : 깨끗하지 못함.

비행
- 非行 : 도리나 도덕 또는 법규에 어긋나는 행위.
- 飛行 : 항공기 따위의 물체가 하늘을 날아다님.

비명
- 碑銘 : 비(碑)에 새긴 글.
- 悲鳴 : 몹시 놀라거나 괴롭거나 다급할 때에 지르는 외마디 소리.
- 非命 : 제 목숨대로 살지 못함.

비보
- 飛報 : 급한 통지.
- 悲報 : 슬픈 소식.

사고
- 思考 : 생각하고 궁리함.
- 事故 : 뜻밖에 잘못 일어나거나 저절로 일어난 사건이나 탈.
- 四苦 : 불교에서, 사람이 한 평생을 살면서 겪는 생(生), 노(老), 병(病), 사(死)의 네 가지 괴로움을 이르는 말.
- 史庫 : 조선 시대 때, 역사 기록이나 중요한 서적을 보관하던 정부의 곳집.
- 社告 : 회사에서 내는 광고.

사상
- 史上 : 역사상.
- 死傷 : 죽음과 다침.
- 事象 : 어떤 사정 밑에서 일어나는 사건이나 사실.
- 思想 : 생각이나 의견. 사고 작용으로 얻은 체계적 의식 내용.

사서 { 辭書 : 사전.
四書 : 유교 경전인 논어(論語), 맹자(孟子), 대학(大學), 중용(中庸)을 말함.
史書 : 역사에 관한 책.

사수 { 射手 : 총포나 활 따위를 쏘는 사람.
死守 : 목숨을 걸고 지킴.
詐數 : 속임수.

사실 { 史實 : 역사에 실제로 있는 사실(事實).
寫實 : 사물을 실제 있는 그대로 그려냄.
事實 : 실제로 있었던 일.

사은 { 師恩 : 스승의 은혜.
謝恩 : 입은 은혜에 대하여 감사함.
私恩 : 개인끼리 사사로이 입은 은혜.

사장 { 社長 : 회사의 우두머리.
査丈 : 사돈집의 웃어른.
射場 : 활 쏘는 터.

사전 { 辭典 : 낱말을 모아 일정한 순서로 배열하여 싣고 그 발음, 뜻 등을 해설한 책.
事典 : 여러 가지 사물이나 사항을 모아 그 하나 하나에 장황한 해설을 붙인 책.
私田 : 개인 소유의 밭.
事前 : 무슨 일이 일어나기 전.

사정 { 査正 : 그릇된 것을 조사하여 바로잡음.
司正 : 공직에 있는 사람의 질서와 규율을 바로 잡는 일.
事情 : 일의 형편이나 그렇게 된 까닭.

상가 { 商街 : 상점이 줄지어 많이 늘어 서 있는 거리.
商家 : 장사를 업으로 하는 집.
喪家 : 초상난 집.

상품 { 上品 : 높은 품격. 상치. 극락정토의 최상급.
商品 : 사고 파는 물건.
賞品 : 상으로 주는 물품.

성대
- 盛大 : 행사의 규모, 집회, 기세 따위가 아주 거창함.
- 聲帶 : 후두 중앙에 있는, 소리를 내는 기관.

성시
- 成市 : 장이 섬. 시장을 이룸.
- 盛市 : 성황을 이룬 시장.
- 盛時 : 나이가 젊고 혈기가 왕성한 때.

수도
- 首都 : 한 나라의 중앙 정부가 있는 도시.
- 水道 : 상수도와 하수도를 두루 이르는 말.
- 修道 : 도를 닦음.

수상
- 受賞 : 상을 받음.
- 首相 : 내각의 우두머리. 국무총리.
- 殊常 : 언행이나 차림새 따위가 보통과 달리 이상함.
- 隨想 : 사물을 대할 때의 느낌이나 그때그때 떠오르는 생각.
- 受像 : 텔레비전이나 전송 사진 등에서, 영상(映像)을 전파로 받아 상(像)을 비침.

수석
- 首席 : 맨 윗자리. 석차 따위의 제 1위.
- 壽石 : 생긴 모양이나 빛깔, 무늬 등이 묘하고 아름다운 천연석.
- 樹石 : 나무와 돌.
- 水石 : 물과 돌. 물과 돌로 이루어진 자연의 경치.

수신
- 受信 : 통신을 받음.
- 水神 : 물을 다스리는 신.
- 修身 : 마음과 행실을 바르게 하도록 심신(心·身)을 닦음.
- 守身 : 자기의 본분을 지켜 불의(不義)에 빠지지 않도록 함.

수집
- 收集 : 여러 가지 것을 거두어 모음.
- 蒐集 : 여러 가지 자료를 찾아 모음.

시기
- 時機 : 어떤 일을 하는 데 알맞을 때.
- 時期 : 정해진 때. 기간.
- 猜忌 : 샘하여 미워함.

시상
- 詩想 : 시를 짓기 위한 시인의 착상이나 구상.
- 施賞 : 상장이나 상품 또는 상금을 줌.

시세 { 時勢 : 시국의 형편.
市勢 : 시장에서 수요와 공급의 원활한 정도.

시인 { 詩人 : 시를 짓는 사람.
是認 : 옳다고, 또는 그러하다고 인정함.

실사 { 實事 : 실제로 있는 일.
實査 : 실제로 검사하거나 조사함.
實寫 : 실물(實物)이나 실경(實景), 실황(實況) 등을 그리거나 찍음.

실수 { 實數 : 유리수와 무리수를 통틀어 이르는 말.
失手 : 부주의로 잘못을 저지름.
實收 : 실제 수입이나 수확.

역설 { 力說 : 힘주어 말함.
逆說 : 진리와는 반대되는 말을 하는 것처럼 들리나, 잘 생각해 보면 일종의 진리를 나타낸 표현. (사랑의 매, 작은 거인 등)

우수 { 優秀 : 여럿 가운데 특별히 뛰어남.
憂愁 : 근심과 걱정.

원수 { 元首 : 한 나라의 최고 통치권을 가진 사람.
怨讐 : 원한이 맺힌 사람.
元帥 : 군인의 가장 높은 계급, 또는 그 명예 칭호.

유전 { 遺傳 : 끼쳐 내려옴. 양친의 형질(形質)이 자식에게 전해지는 현상.
流轉 : 이리저리 떠돌아다님.
油田 : 석유가 나는 곳.
流傳 : 세상에 널리 퍼짐.

유학 { 儒學 : 유교의 학문.
留學 : 외국에 가서 공부함.
遊學 : 타향에 가서 공부함.
幼學 : 지난 날, 벼슬하지 않은 유생을 이르는 말.

이상
異狀 : 평소와 다른 상태.
異常 : 보통과는 다른 상태. 어떤 현상이 이미 가지고 있는 경험이나 지식으로는 헤아릴 수 없을 만큼 별남.
異象 : 특수한 현상.
理想 : 각자의 지식이나 경험 범위에서 최고라고 생각되는 상태.

이성
理性 : 사물의 이치를 논리적으로 생각하고 판단하는 마음의 작용.
異姓 : 다른 성, 타 성.
異性 : 남성 쪽에서 본 여성, 또는 여성 쪽에서 본 남성.

이해
理解 : 사리를 분별하여 앎.
利害 : 이익과 손해.

인도
引導 : 가르쳐 이끎. 길을 안내함. 미혹한 중생(衆生)을 이끌어 오도(悟道)에 들게 함.
人道 : 차도 따위와 구별되어 있는 사람이 다니는 길. 사람으로서 지켜야 할 도리.
引渡 : 물건이나 권리 따위를 건네어 줌.

인상
印象 : 마음에 남는 자취. 접촉한 사물 현상이 기억에 새겨지는 자취나 영향.
引上 : 값을 올림.

인정
人情 : 사람이 본디 지니고 있는 온갖 심정.
仁政 : 어진 정치.
認定 : 옳다고 믿고 인정함.

장관
壯觀 ; 훌륭한 광경.
長官 : 나라 일을 맡아보는 행정 각부의 책임자.

재고
再考 : 다시 한 번 생각함.
在庫 : 창고에 있음. '재고품'의 준말.

전경
全景 : 전체의 경치.
戰警 : '전투 경찰대'의 준말.
前景 : 눈 앞에 펼쳐져 보이는 경치.

전시
展示 : 물품 따위를 늘어 놓고 일반에게 보임.
戰時 : 전쟁을 하고 있는 때.

정당
- 政黨 : 정치적인 단체.
- 政堂 : 옛날의 지방 관아.
- 正當 : 바르고 옳음.

정리
- 定理 : 이미 진리라고 증명된 일반된 명제.
- 整理 : 흐트러진 것을 바로 잡음.
- 情理 : 인정과 도리.
- 正理 : 올바른 도리.

정원
- 定員 : 일정한 규정에 따라 정해진 인원.
- 庭園 : 집 안의 뜰.
- 正員 : 정당한 자격을 가진 사람.

정전
- 停電 : 송전(送電)이 한때 끊어짐.
- 停戰 : 전투 행위를 그침.

조리
- 條理 : 앞 뒤가 들어맞고 체계가 서는 갈피.
- 調理 : 음식을 만듦.

조선
- 造船 : 배를 건조함.
- 朝鮮 : 상고 때부터 써내려오던 우리 나라 이름. 이성계가 건국한 나라.

조화
- 調和 : 대립이나 어긋남이 없이 서로 잘 어울림.
- 造化 : 천지 자연의 이치.
- 造花 : 인공으로 종이나 헝겊 따위로 만든 꽃.
- 弔花 : 조상(弔喪)하는 뜻으로 바치는 꽃.

주관
- 主管 : 어떤 일을 책임지고 맡아 관할, 관리함.
- 主觀 : 외계 및 그 밖의 객체를 의식하는 자아. 자기 대로의 생각.

지급
- 至急 : 매우 급함.
- 支給 : 돈이나 물품 따위를 내어 줌.

지도
- 指導 : 가르치어 이끌어 줌.
- 地圖 : 지구를 나타낸 그림.

지성
- 知性 : 인간의 지적 능력.
- 至誠 : 정성이 지극함.

지원
- 志願 : 뜻하여 몹시 바람. 그런 염원이나 소원.
- 支援 : 지지해 도움. 원조함.

직선
- 直選 : '직접 선거'의 준말.
- 直線 : 곧은 줄.

초대
- 招待 : 남을 불러 대접함.
- 初代 : 어떤 계통의 첫 번째 차례 또 그 사람의 시대.

최고
- 最古 : 가장 오래됨.
- 最高 : 가장 높음. 또는 제일 임.
- 催告 : 재촉하는 뜻으로 내는 통지.

축전
- 祝電 : 축하 전보.
- 祝典 : 축하하는 식전.

통화
- 通貨 : 한 나라에서 통용되는 화폐.
- 通話 : 말을 주고 받음.

표지
- 表紙 : 책의 겉장.
- 標紙 : 증거의 표로 글을 적는 종이.

학원
- 學園 : 학교와 기타 교육 기관을 통틀어 이르는 말.
- 學院 : 학교가 아닌 사립 교육 기관.

화단
- 花壇 : 화초를 심는 곳.
- 畵壇 : 화가들의 사회.

천자문쓰기

초판 1쇄 발행 2020년 12월 25일
초판 2쇄 발행 2024년 1월 20일

편저자 장개충
펴낸이 이환호
펴낸곳 나무의꿈

등록번호 제 10-1812호
주 소 서울시 마포구 잔다리로 77 대창빌딩 402호
전 화 02)332-4037 **팩 스** 02)332-4031

ISBN 978-89-91168-91-6 13710